聖母文庫

「南無アッバ」への道

井上洋治神父の言葉に出会うⅢ

平田栄一

聖母の騎士社

妻　愛子へ

れを通して自らの体験を省みることにより、いくばくなりと神父の到達した「南無アッバ」の境地への道程を垣間見ることができたように思います。

本書をとおして、無条件・無制限に生きとし生けるものを、そのふところに抱き取ってくださるアッバの、そしてイエスの悲愛のまなざしに信頼する、喜びの体験を読者と共有できるならば、望外の幸せです。

お忙しい中このシリーズ三冊目の出版を快くお引き受けくださった赤尾満治神父様をはじめ、お世話頂いた聖母の騎士社スタッフの方々に心からお礼申し上げます。

なお本書中の聖書引用は、原則として日本聖書協会発行『聖書　新共同訳』を使わせていただきました。

二〇一五年　クリスマス　南無アッバ

平田　栄一

目次

第八章　『人はなぜ生きるか』における《たとえ》（一）

序章　《「ファリサイ派の人と徴税人」のたとえ》に学ぶ

前著（『すべて』）の最終章でわたしは、イエスの生き方の根本、ひいてはわたしたち日本人キリスト者がめざす方向――井上神父の提唱する「南無アッバ」の祈りの内実として、ケノーシス（自己無化）的姿勢（『フィリピの信徒への手紙』二章「キリスト賛歌」参照）を取り上げました。

十数年にわたって続けてきた本連載のなかで、最も大きな反響があったのは、「道徳主義をこえて」（『心の琴線』第六章）と題して一文を書かせていただいたときでした。わたし自身の体験からも、また身の回りの求道者の声からも、あのとき書いたこと――井上神父が〝日本人は倫理に（言及されると）弱い〟といったことへの賛意――は、現在も変わりません。

しかし今、わたしたち日本人が、イエスの受難を頂点とするケノーシス的生涯に曲がりなりにも連なろうとするとき、キリスト教、あるいはイエスの倫理へと新たなアプローチができるのではないかと考えるのです。それがどのような形で現れてくるかは、日本人キリスト者一人ひとりの課題なのでしょうが、実は現時点でも、わたしたちに大きなヒントが示されているように思います。

それはすでに第二部で述べた、井上神父の「求道者として」の、あるいは「人として」の「わきまえ」の姿勢です（『すべて』第七章、また一六〇頁以下）。前著に述べた、他宗教に対する判断留保、あるいは他者の臨終の思いに対する留保等々、自分を「わきまえ」「ひかえる」姿勢はおそらく、日本人がキリスト教を自然な感性において、受け止められるかどうかの試金石になるのではないか、わたしはそう考えるのです。わたしたちの「わきまえ」の姿勢が、自己相対化からイエスの自己無化へとつながれていく……。こうしてアッバの「福音」に気づかされていくということです。

この「わきまえ」の姿勢、「ひかえ」の姿勢は、井上神学の基層をなす日本的感性といっても過言ではありませんが、本書では以下、福音書の中からこの方向性が顕著に示されていると思われる『ルカによる福音書』一八章の《「ファリサイ派の人と徴税人」のたとえ》を中心に取り上げ、考えていきたいと思います。この《たとえ》は、井上神父の諸著作のなかで繰り返し引用されている聖書箇所であり、その事実だけでもアッバ神学においてとりわけ重要なペリコーペ（段落）であることがわかります。

昔わたしは直接、井上神父から〝……あえていえば『ルカ』の一〇章と一八章に、キリスト教が要約されていると思っている〟と聞いたことがあります。ちょうど受洗前後で、真剣に聖書を読みだした頃でした。今考えれば、神父に学びはじめたばかりで、聖書のポイントとしての〈あれかこれか〉がつかめず、〈あれもこれも〉に右往左往していた時期だったのだと思います（ここにいう〈あれかこれか〉についてはは『すべて』第六章参照）。この戸惑いは、わたしに限らず、ひとりで聖書を読もうとしたとき、多くの人が一度は経験するものではないでしょうか。ところが当時のわたしは、神父に〝ポイントはここだよ〟と指摘され、該当箇所を読んでも、正直なところ、それほどピンとはこなかったのです。

しかし今ここで、この文脈――「ケノーシス」―「わきまえ」―「ひかえ」……という文脈で改めて取り上げようとするとき、ようやく、あの時の井上神父のアドバイスの真意が解せるような気がしています。

《「ファリサイ派の人と徴税人」のたとえ》

〈⁹自分は正しい人間だとうぬぼれて、他人を見下している人々に対して

も、イエスは次のたとえを話された。[10]「二人の人が祈るために神殿に上っ
た。一人はファリサイ派の人で、もう一人は徴税人だった。[11]ファリサイ派
の人は立って、心の中でこのように祈った。『神様、わたしはほかの人た
ちのように、奪い取る者、不正な者、姦通を犯す者でなく、また、この徴
税人のような者でもないことを感謝します。[12]わたしは週に二度断食し、全
収入の十分の一を献げています。』[13]ところが、徴税人は遠くに立って、目
を天に上げようともせず、胸を打ちながら言った。『神様、罪人のわたし
を憐れんでください。』[14]言っておくが、義とされて家に帰ったのは、この
人であって、あのファリサイ派の人ではない。だれでも高ぶる者は低くさ
れ、へりくだる者は高められる。」〉(『ルカによる福音書』一八章九〜一四節)

第一章　『日本とイエスの顔』における《たとえ》（一）

一　頭を下げる

井上神父の処女作『日本とイエスの顔』（初版一九七六年。本書では日本基督教団出版局一九九〇年版を使用。以下、各章の中心テキストからの引用は頁数のみ表記）から見ていきましょう。

この著書の中で最初に右の《「ファリサイ派の人と徴税人」のたとえ》に触れるのは、「第四章　イエスの神・アバ（父よ）」の次のような文脈においてです。

〈……神はまずパパなのだ。私にとっても、そしてあなたがたにとっても（11）。それが信じられるようになるためには、あなたがたは、どんなに苦しくとも悲しくとも、またどんなに現実が不合理に見えようとも、勇気をだし、心を改め（12）、知恵ある者のように振舞わず（13）、小賢しい人間のさかしらを捨て、ただひたすら神の前に手を合わせ頭を下げねばならぬ（14）。……〉（九〇頁、傍線

平田、以下同様)

井上神父の注目すべき業績のひとつとして、これまで神学者とよばれる人たちが、おそらく聖句翻訳の逐語的正確さを優先したために顧みなかったような、現代日本語による、思い切った聖書敷衍訳、あるいは意訳の工夫があることは、すでに述べたとおりです(『心の琴線』第七章)。

そのまとまった形での最初の試みが、右の箇所を含む三頁にわたって書かれた文章です。そして文中には三十四箇所にも及ぶ丁寧な参照聖句註が付されており、右引用部分についてはそれぞれ、「(11)マルコ14:36・ローマ8:15、(12)マルコ1:15、(13)マタイ11:25、(14)ルカ18:10—14」となっています。

これらの参照聖句と照らし合わせながら、井上神父の意訳を読んでいくと、いま話題にしている《たとえ》について、神父が処女作——著作のはじめから、端的に何を言いたかったのかが、明らかとなります。すなわち、「神はパパ(アッバ)」と親しく呼べる、慈父のような方なのだから、「小賢しい人間のさかしらを捨て、ただひたすら神の前に手を合わせ頭を下げ」〝よろしくお願いします〟と祈れば、必ず救いにあずかれるのだ、ということです。文脈上、文言は「……頭を下げねばならぬ」となっていますが、本来は、おまかせするだけでいいのだ、というのが神父の本意だと、わたしは思っています。

この部分は、右に引用したように、当該《たとえ》への言及が、脚注という形で出てくるので、うっかりすると読みすごしてしまいます。しかしイエスのこの《たとえ》を、神父がどのように受け取ったかを端的に示した箇所、しかもそれが処女作における初出という点でも、重要なものだと思います。「小賢しい人間のさかしらを捨て」るとは、人間理性の限界を「わきまえ」、そのはからいを「ひかえる」というケノーシス的態度の基本をなすものです。そして、「ただひたすら神の前に手を合わせ頭を下げ」るとは、その具体的行為——心の中で手を合わせるということも含め——祈りであり、わたしたちを悲愛へと向かわせる契機にほかなりません。

これがのちに、「南無アッバ」という、文字通り具体的な祈りの言葉——「献祷」となって結実することになるわけですが、もちろんこの時点（一九七六年）では、井上神父自身そこまで見越していたわけではなかったでしょう。それゆえにこそ、こうした細部において、神父の無意識の一念にアッバが働きかけ、ついには「南無アッバ」へと導いていったのではないか、わたしにはそう思えてならないのです。

二 「人の心」に巣くうもの

右引用箇所の数行のちには、『ルカによる福音書』一八章一一節がもう一度、脚注として触れられています。

〈人の心には餓鬼の世界、畜生の世界、修羅の世界が巣くっている。他人を見下げることに幸福を覚え(17)、人の目にある塵を見て己れの目にある梁を見ず(18)、他人を審くことに心の痛みを覚えぬ程に傷つき汚れている人の心は、自らも知らぬ間に神に代わって人を審く暴挙をおこなうであろう(19)。〉(同)

右文中の脚注(17)が当該聖句、

〈ファリサイ派の人は立って、心の中でこのように祈った。『神様、わたしはほかの人たちのように、奪い取る者、不正な者、姦通を犯す者でなく、また、この徴税人のような者でもないことを感謝します。〉(一一節)

に対応しているわけです。

「奪い取る者、不正な者、姦通を犯す者でもなく」正しいはずの「ファリサイ派の人」のどこに問題があるのでしょうか。それは、「わたしはほかの人たちのように、」また、「この徴税人のような者でもない」という、〈自分は正しい人間だとうぬぼれて、他人を見下している〉（九節）態度にある、とイエスはいうのです。このことを井上神父は、「他人を見下げることに幸福を覚え」る態度としてまとめ、さらに（18）『マタイによる福音書』七章三節〈人を裁くな〉や（19）『ヨハネによる福音書』八章三～一一節〈姦通の女〉にもとづいて、自分の真の姿を見ようとせず、「神に代わって」「人を審くこと」こそ、イエスが最も嫌った姿勢であると強調します。ということは、他者を審かないことが、イエスのいう本当の正しさであり、それは「ひかえ」の姿勢そのものです。

このように、脚注（14）を巡ってはおもに個人の生き方として、また（17）では他者との関係で、「ひかえ」が奨励されていると考えられます。

そしてここでとくに注目しておきたいのは、「ファリサイ派」の姿勢の根底にあるものに対する井上神父の言及の仕方です。すなわちまず、「人の心」――ということは「ファリサイ派」だけでなく、わたしたちすべての「心」――の根底には、「餓鬼の世界、畜生の世界、修羅の世界が巣くっている」ということ。これをひとことで「罪」＝エゴイズムと括っても差し支えないでしょう。そして、そういう「人の心」は「自らも知らぬ間に」神に代わって人を審いてしまうという点です。

このことからわたしたちの罪が、表層意識としての自己意志ではどうしようもないほど深いところ――無意識に巣くっており、それゆえ「自らも知らぬ間に」――無意識裡に他者を見下げ、裁き、幸福を覚えてしまうという結果を生んでいることを知るのです。遠藤周作は、無意識が「我々のひそかな欲望」のいっぱいつまっている「汚れた場所」だと指摘しました（「風」七八号拙文参照）。つまりそれは、無意識に罪の根（「原罪」というべきでしょうか）が巣くっているという指摘ではなかったでしょうか。本稿第二部では、罪（意識）のさまざまな側面――広義性・前提性・普遍性・具体性等々を見ましたが（『すべて』一二九頁以下）、右のような井上神父の考察や遠藤の言葉から、今ここでさらに、〈罪の無意識性〉

ということを指摘したいと思います。

三　罪の無意識性と他者性

「大罪・小罪」といった教会的な区分や、その「罪」の構成要件にどのように自由意志がかかわるか、といったような議論は、わたしにはあまり関心がありません。むしろ、個々の罪を犯す根本にあるもの（原罪）が、表層的な「私」意識には手の届かない深層意識に、如何ともしがたく浸透しているということの現実――リアリティから、出発したいと思うのです。井上神父の右のような語り口は、そのことを的確に指し示しているものといえましょう。

神父は『日本とイエスの顔』前半で、〈アダムとエヴァ〉の物語を引きながら、次のように語っています。

〈アダムとエヴァの物語において、作者は、私たちひとりびとりの人間の生そのものには、自分たちの力だけではどうにもならないどろどろした汚れがこびりついているのだ、その自分でも気づかない汚さのために、私たちの生を私たちの生たらしめている根底、宇宙を貫いて流れている永遠の生命に浸りきることができず、そこから人生の底に沈殿する深い言いしれない哀しみや悲劇がうまれてくるのだ、ということを言おうとしているのだと思います。〉(三五~三六頁)

キリスト信仰では、わたしたちの生にこびりついた「汚れ」である罪が、「自分たちの力だけではどうにもならない」ものなのだ、という所から出発して、ゆるしや救いが語られていきますが、井上神父や遠藤周作の信仰にはさらに、その「汚さ」に「自分でも気づかない」ということ――〈罪の無意識性〉が強調されているように思えます。遠藤や神父の信仰における、いわば〈無意識の他者性〉ということについては前著で触れましたが(『すべて』第九章参照)、今この二つのことを考えあわせるとさらに、〈罪の他者性〉という事態が浮かび上がってくるのです。それは、表層的な「私」意識ではどうすることもできない――意識的なコントロールはおろか、意識そのものができないのですから――そういう不気味で恐ろしい世界が、自分の深い所に巣くっているということ。底無しの井戸の暗がりに向かって、「罪よ、汚れよ、おまえのことで、私に何の責任があるのだ!?」とでも、叫びたくなるような狂おしさを、わたしたちは感ぜずにおれません。

しかし、こうした罪の現実――罪のリアリティを踏まえながら遠藤や井上神父は、その同じ無意識という場に働くアッバの力にも、それ以上に信頼しているということを忘れてはなりません。その確信ゆえに、罪人――新約聖書中であれ、わたしたちに対してであれ――に向けられた神父のまなざしは、静かなやさしさに満ちています。先の引用文では、「他人を審くことに心の痛みを覚えぬ程に傷つき汚れている」という、労いともとれる物言いに、そのことがはっきり表れていると、わたしは思います。そしてそのまなざしは、イエスのそれを彷彿とさせるものです。

第二章　『日本とイエスの顔』における《たとえ》（二）

一　悲愛は可能か？

『日本とイエスの顔』のなかで、《「ファリサイ派の人と徴税人」のたとえ》が全文引用のかたちで大きく取り上げられるのは、「第七章　悲愛」においてです。

井上神父はここでまず、アガペーを「悲愛」と訳したゆえんを語っています。

〈アガペーの愛は相手と同じ所に立って、無心に〝共に喜び共に泣く〟（ロマ書一二章一五節）愛であり、相手の弱さやみじめさを最終的には己れの上に素直に荷う愛であるといえましょう。もし〝悲〟という字が、本来は人生の苦にたいする呻きを意味し、共に苦しむおもいやりを意味するものであれば、アガペーは悲愛とでも訳すのがいちばんふさわしいと思います。イエスの孤独と苦悩と裏切りに耐えた十字架の死は、まさにこの悲愛のもっとも崇高な姿をあらわしているといえるでしょう。〉（一六八～一六九頁、傍点原文、以下同様）

「悲愛」の語源については本稿第一部でも取り上げましたが（『心の琴線』第三章）、そういうイエスであるからこそ、十字架以前も生涯を通じて、ファリサイ派のように、

〈かくあるべしという基準をもって人を審くまえに、その人が哀しみと孤独のうちに背負って来た十字架を受けとめ、その人の心をそのあるがままの姿において感じとめ〉（一七三頁）

られたのです。

しかし人間に、そんな「アガペー」＝「悲愛」は、

〈可能なのだろうか、人間は口では皆なんとかいっていても、結局は人を見下すことに密かな喜びと幸福感を味わっているのだし、最後には自分がいちばん可愛くなるにきまっているのではないだろうか。そういう疑問がすぐ私たちの心にはわいてきます。たしかに人間は醜いものだし、弱い反面残酷だし、またこの上なく身勝手なものだと思います。〉（一八三頁）

と、理想を語ることだけではすまされない、わたしたちの現実、疑問を井上神父が代弁します。

ここでわたしたちは、「人を見下すことに密かな喜びと幸福感を味わっている……」という言葉が、前章でとりあげた同書「第四章　イエスの神・アバ」で脚注が付された「……他人を見下げることに幸福を覚え（17）」という言葉と符合していることに気づきます。すなわち、この第七章では「悲愛」ということをめぐり《たとえ》について、おもに他者との関係でもう一歩考察を深めることになるのです。

「アガペー悲愛は可能か」という疑問に対しまず神父は、イエスに対する全幅の信頼をもって、次のように前置きします。

〈しかしイエスは、「私たち人間がどういうものであるかということは骨の髄まで知っていました。その上でなおあの崇高な悲愛アガペーを生き、かつ説いたのだと思います。そしてむしろその点にこそ、イエスがもっとも示したかった信仰の秘密がかくされているように思われます。〉（同）

わたしたちが「弱く」「醜く」「残酷」な人間だということを、イエスは十分知りつくしたうえでアガペーを説いた、そこにこそ「信仰の秘密」があるというの

です。そして、
〈悲愛が共にということをもっともたいせつにするのであれば、人を軽蔑し見下すことは、悲愛とは程遠いこと〉（同）
として、《たとえ》を全文引用しています。

この「信仰の秘密」については、今後本稿でも度々触れることになります。

二　井上神父の回心体験

井上神父は、自身が「フランスの大学に通っていた頃、ある晩」この《たとえ》を読んで、

〈それからの生き方に大きな影響をあたえられた程の強烈な衝撃を受けた〉（一八四頁）

と告白しています。

「風」誌上において神父は「漂流──『南無アッバ』まで」と題して、これまで大きな影響を受けた人物──ベルグソン、テレジア、法然、エレミアス等について、順次語っていますが（第七六～八〇号）、右の「イエス自身が語ったたとえばなし」は、新約聖書中の御言葉としては同じくらい、あるいはそれ以上に「大きな影響」と「強烈な衝撃」を受けたものだったのではないでしょうか。これを

即内村鑑三的な劇的回心体験「コンボルション」(conversion) に比することは適当でないかもしれませんが、この御言葉が神父を「根底からゆさぶり」、その後の神父の生き方を変えさせることになったという意味では、やはり一種の回心体験と言っても過言ではないと思います。

それが具体的にどのような「衝撃」であったのかを、井上神父は続けて述べます。

〈司祭になろうとフランスにわたり、そのときまで自分なりに一所懸命頑張っていた私を根底からゆさぶったものは、それまで自分の生きてきた道はキリスト教徒としての道ではなくて、実はファリサイ人の道ではなかったかという問いかけでした。このルカ福音書一八章のファリサイ人の祈りを、私は結局続けてきていたのではないか、というおそれにも似た驚きでした。〉(同)

その「衝撃」は御言葉から、ということはイエス、アッバからの「問いかけ」であり、「おそれにも似た驚き」だったというのです。

このときのショックを神父は、自伝的エッセイ『余白の旅』(日本基督教団出版局、一九八〇〔原文ママ〕年) では、次のように述べています。

〈私がローマ滞在中にえた今一つの貴重な体験は、全くキリスト教的な意味あいのものであって、ある意味ではキリスト者としての私の生き方そのものに関係するもっとも大切なものであった。

ある夜、寝る前に何気なく読んだ次の「ルカによる福音書」の一八章のイエスのたとえ話に、私は深い衝撃をうけたのであった。

……（《たとえ》引用）……それまでにも何回も、私はこのイエスのたとえ話を読んでいたはずであった。しかし、その夜私は、イエスに従って生きてきたと思いながら実は自分はファリサイ派に従って生きてきたのではないかという思いに、ちょうど足もとをすくわれるような衝撃と不安とを感じたのである。〉（八七～八九頁）

右二つの箇所を合わせ読むとき推測できることは、先ほど言ったように、井上神父がこの《たとえ》から受けた「衝撃」は、「強烈」で「深い」ものであったにはちがいありませんが、それはいわゆる〝救い体験〟とは、一線を画すものだった、ということです。なぜなら神父のこの時の体験は、アッバからの「問いかけ」であり、「おそれ」であり、また「不安」をも伴う種類の「衝撃」だったからです。

すなわち、多くの回心記によくあるような法悦、平安、歓喜の涙等々を伴うような回心体験ではなかったということです。むしろ井上神父の場合は、それまでの生き方を一八〇度変えるよう反省を促し——その意味では文字どおり「回心」なのですが——そこに留まることをゆるさず、次の行動、アッバへの応答を問われる類のものだったといえましょう。「ファリサイ人の道」から真の「キリスト教徒としての道」へと方向転換を迫られたのでした。

〈私が完全に福音書のイエスに捕えられたのはそのときからである。イエスとファリサイ派は何が原因であんなに烈しく対立したのだろうか、押しよせてくる数々の疑問をかかえて、私の図書館通いがはじまった。そしてこのとき受けた衝撃の種は、次第次第に心の中で大きな樹となって成長していったのである。〉(同)

三　回心への原体験

こうして神父の回心体験を振り返るとき、一点触れておきたいことがあります。本稿の冒頭でわたしは、自分と聖書との出会いについて井上神父のそれと並行しながら述べました（『心の琴線』五頁以下）。神父が聖書とイエス・キリストに真に出会ったのは、「キリスト教入信前の学生時代、あるハンセン病院を訪れたとき」だったといいます。それは具体的には神父の洗礼が「二十一歳の誕生日の前日」であったことから考えて、十代の後半から二十歳頃までのことでしょう。〈ハンセン病患者に対し〉こわいものにでもふれるような態度しかとれなかった昼間の自分の姿に、深く自己嫌悪にとらわれ、寝つかれないままに、哀しみの潮騒に心洗われていた私は、しかしふと、波打ちぎわに残された一片の桜貝にも似た、ある暖かな思いが、ポツンとその哀しみの波打ちぎわに残されていることに気づき始めたのでした。
　それは、なにか、私はゆるされている、という思いにも似たものでした。〉（一三頁）
　井上青年の聖書とイエスとの「真の出会い」が、ハンセン病患者を通しての「自己嫌悪」と「……一片の桜貝にも似た、ある暖かな思い」――「私はゆるされている、という思いに似たもの」をともなっていたということ、わたしにはそれが大変興味深く思われます。というのは、本稿で述べた「復活の前にあるもの」（『すべて』一二頁以下）、あるいはそれに関連して述べた「罪意識の前提性」（同書、一三一頁）といった、井上神学を語るときに重要な事柄の萌芽を早くも、受洗前の井上青年のこの心情に見る思いがするからです。
　イエスが復活する前、弟子たちは師を裏切ったことによる「自己嫌悪」を抱えて、鬱々としていました。その「自己嫌悪」や「後ろめたさ」は、弟子たちの「罪意識」に結びつくものでした。そしてそれらが前提となって、弟子たちの復活体験――イエスによるゆるしの体験が起こったのでした。井上神父は福音書が一貫して、イエスの「ゆるしのまなざしによる、弟子たちや人々の回心の物語」（『わが師イエスの生涯』一九一頁他）であると繰り返し語り、その視点から神学を展開しています。

わたしは、井上神父が回心を経てこのような視点を持つに至った原体験が、多感な青年期における右のハンセン病院での体験だったのではないか、少なくともその遠因の一つにはなっているのではないか、と推測するのです。すなわち、聖書という象徴を介して、ハンセン病者から感じた井上青年の「自己嫌悪」が、イエスを裏切った弟子たちの「自己嫌悪」に対する心情的理解――体験的共感を生み、また促したということ。同時に、「私はゆるされている、という思いに似たもの」――それはほのかな思いであったかもしれませんが――を感じたことが、イエスのゆるしのまなざしへの予感として、準備されていったのではないか、と想像するのです。

四　為す愛、為さざる愛

さて、井上神父が、《「ファリサイ派の人と徴税人」のたとえ》から、「足もとをすくわれるような衝撃と不安」を感じたのは、神父自身がファリサイ派と同じ道を歩んでいたのではないかということに気づいたからでした。と同時に、イエスが示し、十字架を覚悟で大切にしたものにも気づかされることになります。それはファリサイ派には「欠けていた」「人間としていちばんたいせつなもの」すなわち「悲愛の心」です。

井上神父は、

〈悲愛の心、キリストの説いた愛の心とは、人に石を投げない心であり、人の弱さや哀しみや醜さを己れの尺度で切り捨て審かない心です。〉（一八五頁）

と説明し先に、「アガペーは相手の弱さやみじめさを己れに荷う愛」（一六八頁）

と述べたことを、具体化しています。その上で、普通の意味での道徳的な見方だけからすれば、たしかに立派だったファリサイ人ではなく、そのように「祈ることのできない」徴税人の方がアッバに受け入れられる、と喝破したのがイエスだといっています。

わたしがここで注目したいは、右の引用に典型的にみられるように、神父が「悲愛」たるアガペーを説明するとき、「~しない」という否定詞を多用しているという点です。すなわち、井上神父の場合、「汝、~すべし」という作為・能動よりも――少なくとも、能動的である以前に、まず「~しない」という不作為にこそ、アガペーの本質を見出していると考えられるのです。

そして、他者に対して「石を投げない」「審かない」という不作為の根底にあるものがまさに、自らを省みて「わきまえ」「ひかえる」――これまで述べてきたケノーシス的姿勢といえるのではないでしょうか。この「わきまえ」や「ひかえ」は、謙虚に自らを省みなければできることではありません。「徴税人」が「ファリサイ人」のように立派に「祈ることができない」のは、そのように謙虚に自らを省みたからでしょう。そういう「徴税人」をこそ、アッバは受け入れるのだ、とイエスは明言したわけです。

「悲愛」の基本姿勢がこのようなものだとするならば、わたしたちがアガペーというものを考えた場合、いわば〝為すアガペー〟に対して〝為さざるアガペー〟というものも考えられるのではないか、とわたしは思うのです。それはどちらもアガペーの要素ではあるけれども、井上神学の場合は後者が第一義的に重要視されている。このことが、わたし自身の経験からも、また様々な求道を重ねた末に井上神学――アッバ神学にたどり着いた人たちとの語らいからも、日本人求道者・信者の、いわゆるキリスト教倫理への不自然な、ぎこちない構えを、ほぐしてくれているように思います。

ここでもう一度、本稿第二部で引用した『新約聖書のイエス像』（後述）からの一節をあげておきたいと思います。

〈大切なことは、私たちがいかに人を愛することから遠い至らない人間であるかを謙虚に自覚し、私たちをも受け入れて一緒に食事をしてくださるであろうイエスの前に心からそれを恥じることにあるのである。

私たちのように愛から遠い人間が、この愛の欠如の自覚もなしに、ただただ親切をしなければならないという意識で、後ろはちまきでがんばれば、下手をすると、偽善と自己満足のなんともいえない不愉快なにおいを発散して歩くことにもなりかねないことを、深く反省してみる必要もあるにちがいない。〉（一二八～一二九頁）

これは、『ルカによる福音書』一〇章の〈善いサマリア人〉に言及しながらの井上神父の言葉ですが、いま問題にしている「為す愛」「為さざる愛」について、神父のはっきりした見解を示しているという点で重要な発言だと思いますので、ここに再掲しました。わたし自身、「キリスト教の愛とは何なのか」あるいは「自分にその愛は可能なのか」ということを考えるとき、たびたび思い浮かべる箇所なのです。

五　黄金律と銀の教え

「キリスト教の愛」といったとき、代表的な言葉としてよく例に出されるのが、山上の説教のいわゆる「黄金律」です。

〈だから、人にしてもらいたいと思うことは何でも、あなたがたも人にしなさい。〉（『ルカによる福音書』六章三一節、『マタイによる福音書』七章一二節ａ）

これは「為す愛」を総括的にすすめる教えといえます。新約聖書ではこの言葉が有名ですが、実は旧約聖書（続編）には次のような言葉もあります。

〈自分が嫌なことは、ほかのだれにもしてはならない。〉（『トビト書』四章一五節ａ）

これは「為さざる愛」といえましょう。黄金律に対して「銀の教え（教訓）」などという言い方もされてきたようです。

興味深いことに、これと同じような対比が、『論語』にもあります。
〈己立たんと欲して人を立て、己達せんと欲して人を達す〉（雍也六・三〇）
〈己の欲せざる所は人に施す勿れ〉（顔淵一二・二、衛霊公一五・二四）

ご存じのとおり一般的には、聖書では「黄金律」＝為す愛の方が、論語では後者「施す勿れ」＝為さざる愛の方が、よりよく知られています。

『キリスト教辞典』（岩波書店）によると、「為す愛」に対して、「為さざる愛」の「否定的な形」に類する文言は、儒教、仏教、ジャイナ教、イスラーム教、ゾロアスター教ほか、ギリシア・ローマ文化圏など世界中に多数みられるといいます。ユダヤ教のラビ・ヒレルが、「これをもって律法の総括であるとした」という話も残っています。実は「福音書以後のキリスト教でも否定形の方をイエスの言葉として伝えるものが多い（ディダケー一・二、トマス行伝八三）」ともいいます。つまり、世界的な「愛」の歴史においては「為さざる愛」が大勢を占めてきた。にもかかわらず、キリスト教会形成の途上で「為す愛」が強調されていったのではないか、と推測できるのです（この点については近年、辻学氏が『隣人愛のはじまり――聖書学的考察』（新教出版社、二〇一〇年）において興味深い論を展開しています）。

それと同時に、世界的・伝統的な「為さざる愛」は、少なくともキリスト教会のなかでは、相対的に低く見られていったのではないか、とも思えるのです。「黄金律」に対して、「銀の教え」という言い方にも、そのことがうかがえます。ちなみに、手元にある『新共同訳略解』（日本基督教団出版局）を見ますと『ルカによる福音書』六章三一節については、

〈黄金律と呼ばれるもの。「人にされたくないことを、人にするな」は古今東西を問わずみられるが、それは、基本的には、報復を避けるための互恵的行為〉（一八三頁）

などとされ、いかにも銀より金のキリスト教の黄金律が上位にあるかのごとく解説されています。

さて果たして、銀の教えは「基本的に、報復を避けるための互恵的行為」なのでしょうか。また黄金律の積極的な愛に対して、消極的な愛として、下位に置かれるべきものなのでしょうか。わたしにはそうは思えません。先の井上神父の言葉にもあったように、まず「私たちがいかに人を愛することから遠い至らない人

間であるかを謙虚に自覚し、私たちをも受け入れて一緒に食事をしてくださるであろうイエスの前に心からそれを恥じること」――「愛の欠如の自覚」から出発すべきものだとすれば、第一の愛として、あの「ファリサイ派」のようには人を裁かない、「為さざる愛」があげられるのではないかと思うのです。

こうして、人を裁かない、人に石を投げない、といった「為さざる愛」が強調されている――少なくとも「為す愛」の前提として「為さざる愛」が主張されているのが、井上神学の「悲愛」の一つの特徴といえるのではないでしょうか。それはまた、東洋的な、あるいは日本的な心性からのアガペー解釈、受け取り方につながるものでもあると思います。

六　「悲愛」から「南無アッバ」へ

「裁かない愛」「石を投げない愛」……「～でない愛」＝「為さざる愛」は、「為す愛」を誇りにして前面に押し出してきた西欧型キリスト教からみれば、消極的で後ろ向きの感が否めないかもしれません。しかしそれは、本稿でこれまで見てきた文脈にそって言えば、自らをわきまえる愛、自我をひかえる愛ともいえるのです。そしてこのことは、井上神父が常々強調する、宗教による自己相対化に直結し、ケノーシス的姿勢に通じる事柄となります。

またここで改めて気づくのは、この「わきまえ」「ひかえる」悲愛の姿は第二部で述べた、井上神学における「申し訳なさ」という罪意識にも対応するということです。加えて、こうした「～ない愛」という否定詞で表現される愛は直接的な言葉からは、キリスト教における「否定神学」を連想させ、また井上神学における「東洋的な無」、「神聖なる無」といったものへの関心をも連想させます。

さらに、「裁かない」こと、「判断留保」、「ひかえ」、「わきまえ」、これらは結局、「南無アッバ」――アッバにお委せすることを意味します。すなわち、「南無アッバ」するとは、具他的には「わきまえ」の姿勢――他者の心の思いに対する「判断留保」として現れてくるということなのです。そこには思いやりに通じる愛があります。

本稿第二部では、井上神学――アッバ神学における「罪」や「復活」を中心に考察することによって、「南無アッバ」にたどり着きましたが、今ここでわたしたちは、アガペー――「悲愛」について思いめぐらすことによって、やはり「南無アッバ」へとくぐり出ることになるのです。

第三章　『私の中のキリスト』における《たとえ》

一　《たとえ》に触発された動機

『日本とイエスの顔』を出版した井上神父は、その直後に『私の中のキリスト』（主婦の友社、一九七八年）を発刊しています。

「序章　死海のほとりで」の中で神父は、《「ファリサイ派の人と徴税人」のたとえ》を引用しながら、次のように語っています。

〈私自身信者になってから数年というものは、自分ではイエスの教えを生きようとしているつもりで、実はファリサイ派の姿勢に近づいてしまっていることに全く気づかなかったのでした。フランスのリヨンの町の灯りがきれいに見おろせるフルビエールの丘の修道院の一室で、ある夜読んだ次の『新約聖書』の一節が、私にそれまでの生き方の間違いを教えてくれたのでした。〉（二二頁）

これは、日本において、「イエスの姿勢とはおよそ縁遠い、イエスの敵対者（ファリサイ派）のイメージが何故キリスト信者のイメージになってしまったのか」という自問の直後の告白です。

ここでわたしは、井上神父のこの回心体験が、リジューのテレジアに出会い、その生き方・求道性に惹かれてフランスへ渡ってから、なお数年を経た後のことであったということに、注目したいと思います。

〈弱ければ弱いほど、みじめであればあるほど、不完全であればあるほど、神はその人を愛してゆたかな恵みを下さるのだ。童心に立ち返って、只ひたすらにこの神の深い憐れみの愛を信頼すること――それだけでよいのだ。エゴイズムや汚れなどというものは、神のふところに飛び込みさえすれば神がご自身できれいにしてくださるのだ。〉（七三～七四頁）

ダメな人ほど愛してくださる神に信頼するということ、それは「人を見下し、裁く」ことからは最も遠いことと言えましょう。しかし、この「幼子の道」を貫いたテレジアに惹かれた神父でさえ、《たとえ》からの気づき――回心体験に至るまでには、数年の歳月を要したということなのです。井上神父がテレジアに出会ったのが一九四七年、当該回心体験がリヨンでのことだとすると一九五三年、ローマでのことだとすれば一九五四年で、その間六、七年が経過していることになります。

　このことは、わたしたちの求道生活に大きなヒントを与えてくれているように思います。それは第一に、わたしたちが「自分ではイエスの教えを生きようとしているつもりで、実はファリサイ派の姿勢に近づいてしまっている」――ファリサイ的な律法主義、あるいはそこから生まれる、「人を見下し、裁く」というエゴイズム＝罪に、いかに陥りやすいか、ということ。

　第二に、罪の無意識性のゆえに、そのことに「全く気づかない」――知らずにわたしたちは人を裁き、見下してしまっている、それがわたしたちの常態だということです。〝人はよほど心していないと、イエス的であるよりファリサイ的になる〟とは、井上神父がよく口にする言葉ですが、これは、自身の右のような体験から実感をもって発せられた言葉であったことが確認できます。

　さらにいえば、「それまでの生き方の間違いを教えてくれた」のは、「ある夜読んだ『新約聖書』の一節」だったというわけですが、それがなぜ、その時、そのようにしてであったのか、だれも（おそらく神父自身も）答えられません。それはもう、アッバのお計らい、お恵みとしかいいようがない。つまり、わたしたちが自らの間違いや罪に気づき、回心するには、わたしたちの努力をこえた力が働かなくてはならないということ。このようなことは頭ではわかっていても、現実にはなかなか実感できないものです。神父のこの回心体験は、こうしたアッバのお導きをも、はっきりとわたしたちに示してくれているように思います。

その上で井上神父は述べます。

〈私にはどうしても納得できない、現在までの歪んだキリスト教のイメージを打ち破って、ここ二十数年来、私なりに一筋にイエスを追い求めてきた結果、やっと朧げながらつかみえた真実のイエスの姿と教え、少なくとも私にとっての真実のキリスト教の風景というものを、私はこの本のなかにえがきだしてみたいと思っています。〉（二三頁）

第一部でもわたしはこの言葉を取り上げ、「この弁は『私の中のキリスト』にかぎらず、『日本とイエスの顔』以来、井上神父の全著作・全活動の根本的動機となっている」（『心の琴線』一二二頁）といいました。今ここで、右の神父の言葉をもう一度捉えなおすと、「真実のイエスの姿と教え」「真実のキリスト教の風当該《たとえ》による回心体験に強く触発されたものであったということができるのはないでしょうか。

二　ガリラヤ体験

さて、序章につづく『私の中のキリスト』第一章では、旧約の歴史を語りながら、洗礼者ヨハネに弟子入りしたイエスの心の変化について、井上神父は次のように推測します。

〈エッセネ派および洗礼者ヨハネの極端な律法主義と禁欲主義に対する拒絶の精神が、この荒野のさなかに立って故郷ガリラヤの美しい空を想ったイエスの心にも、次第に成長していったのではなかったでしょうか。〉（四五頁）

この発想がのちに、「旧約思想の否定と超克」（『わが師イエスの生涯』三一頁他）という、井上神学の重要なテーゼとして実を結ぶことになるわけですが、ここでは「ガリラヤの白い雲」をながめ、「イエスの微笑」を想いながら、パレスチナ内陸のなかで唯一地中海性気候であるガリラヤ湖畔で過ごした神父自らの体験的実感を、次のように結んでいます。

〈目をつぶり、湖面から吹いてくるさわやかな微風を頬にうけながら、しあわせな思いにみたされて、私はこの柔らかな湖のほとりで、かつて群衆に説教していたであろうイエスが、今私に微笑みながら語りかけておられるような錯覚をすらいだきそうな思いでした。それは私の生涯を通じて、私が気づかないどんなときでも、キリストは私と一緒に歩んでいてくれたのだという一種の安堵感にも似たしあわせな思いでした。〉(四九頁)

こうして神父は、〝ガリラヤ体験〟ともいうべきパレスチナ旅行のなかで、その「柔らかな湖のほとり」の自然に触れることを通して、「イエスの微笑み」、「共に歩むキリスト」を実感していきます。こうした神父の実体験も契機となって、井上神学＝アッバ神学が、自然・風土的要素を重視する汎在神論——即自然的神学として展開していったのではないか、とわたしには思われます。

三　「青春の迷い」への共感

『私の中のキリスト』第一章では、この直後に、やや唐突の感をもって井上神父は「青春の迷い道」という項目を置いています。それがどんなものであったかは、すでに述べましたが（『心の琴線』七四頁以下）、ここではそれを次のように語っています。

〈――第二次世界大戦もたけなわの昭和十八年、……私の心は内面化し、すさみ、どうしようもない袋小路へと追いこまれていった。

私自身、何が一体このように深い不安と焦燥とに私を駆り立てるのかがわからなかった。私には戦争の意義や勝ち負けなどどうでもよかった。ただ私はこの不安と焦燥からぬけだす道を見つけたかった。……

生きているということは一体どういう意味があるのだろう、何億光年というこの広大な宇宙のなかで、一個の星に過ぎないこの地球も、いつかは冷えて死滅し、宇宙の塵となっていくのだろう、そのなかでみれば、ほんの一瞬の閃光にしかすぎない私の人生などというものは、結局は一つの偶然の発生でしかないのだろうか。私の未来にとってただ一つ絶対確実なこと、それは私はいつか必ず死ぬということだ。死とは本当に私の存在の終焉なのだろうか。私がなくなってしまうということは、一体どういうことなのだろうか。

わからなかった。私にはいくら考えてみてもわからなかった。

道がない、道がない、そう心のなかで叫びながら、私は暗い夜の道を歩き続けていた。――〉（四九～五一頁）

このように井上神父は、戦争中に苦悩した「青春の迷い」を振り返って、当時の心境をくわしく語っています。わたしがこの本をはじめて読んだのは、一九八〇年か八一年（二五、六歳）、井上神父に出会ってからですが、右の引用部分には一読後に傍線を引いた跡があります。親子ほどの年齢差があっても――実際わたしの母と神父は同い歳です――またわたしのような戦争を知らない世代であっても、同じ「青春の迷い」という点でこの部分にはストレートに共感したのでした。この迷いが、のちに井上青年を神父の道へと導く要因の一つとなるのです。

四　タルムードの祈り

今しばらく『私の中のキリスト』の文脈をたどってみましょう。井上神父は「青春の迷い」を語ったあと、再び福音書に戻ります。そこで「イエスを十字架に追いつめるファリサイ派」と題して、イエスともっとも鋭く対立した彼らがしていたタルムードの祈りを、次のように引用します。

「主、わたしの神よ。町角に座する者たちと共にではなく、学舎に座する者たちと共にいることのできるように、私の境遇を定めてくださったことを感謝いたします。私も朝早く起きますし、彼らも早く起きます。しかし、私は律法の言葉のために早起きをしているのであり、彼らは無価値なことのために早起きをしているのです。……私は来るべき世における生命のために走っているのであり、彼らは墓穴に向って走っているのです。」（五三頁）

この祈りは、「神への感謝とだらしない人間への軽蔑という点で、実によくファリサイ派の精神をあらわしている」ものだと、神父はいいます。そしてこれこそ、あの「ルカ一八章のイエスのたとえ話のなかのファリサイ人の祈りを、そっくりそのまま思い出させる祈り」であり、この姿勢がイエスのアガペーと真っ向から衝突することになったのだ、と指摘しています。

このあと井上神父は「飛鳥とガリラヤの風土」を比較し、

〈ユダヤ教を生んだユダの荒野やエルサレム近郊の風土と、イエスを育てたガリラヤ地方の風土のちがいは、ガリラヤと飛鳥のちがいよりもさらに大きなものなのではないか〉（五四頁）

〈私がほっと息をつくことができたのは、イエスの育った地ガリラヤに行ってからで、特に先ほど述べたイエスの宣教の根拠地ガリラヤ湖畔での半日に、やっとほのぼのとした自然の暖かさを感じとることができたのでした。〉（五六頁）

などと、「第一章　ユダヤ教とヘレニズム」において個人的体験――実感にもとづいて語っています。

これ以後、『私の中のキリスト』では、明示的に『ルカによる福音書』一八章の《「ファリサイ派の人と徴税人」のたとえ》が語られることはありません。

五　《たとえ》の立ち位置

ここまで――この本の第一部すなわち序章と第一章を、今取り組んでいる当該《たとえ》を念頭に置いて、整理してみると次のようなことがわかります。

まず、ユダヤ教からキリスト教（イエスの教え）の変化を、二項対立的に鮮明にし、読者にわかりやすく説明していく、という井上神父の筆の特徴がよくあらわれています。このことは、のちに「旧約思想の否定と超克」というはっきりしたテーゼをとっていきます。ファリサイ派の律法主義、エッセネ派や洗礼者ヨハネの禁欲に対してイエスのゆるし、悲愛のまなざし（『ヨハネによる福音書』八章引用）が随所で対比されます。

次に特徴的なのは、こうしたコントラストが自然・風土と密接に関連づけて語られているという点です。父性的な旧約思想やエッセネ派を育てた風土の象徴として、死海やユダの荒野の様子が語られ、一方、イエスのアガペー、ゆるしの思想を醸成した環境として、ガリラヤ湖周辺の柔らかさが対比的に述べられています。それはまた、飛鳥に象徴される日本の風土に通じるということも示唆されます。

そして、こうした宗教的あるいは風土的対比のなかに、井上神父自身の体験が織り込まれていくのです。

①遠藤周作、矢代静一、阪田寛夫らとともにした旅――「死海のほとり」の回想

②リヨンの修道院での回心体験

③ガリラヤ湖畔での幸福体験

④第二次世界大戦中の「青春の迷い道」

⑤ユダの荒野、ガリラヤ、飛鳥、また母との「夕焼け」体験所感（『心の琴線』一〇三頁以下参照）

このような順に語られています。右①③⑤といった自然体験を通して、井上神父が共にいるキリスト、イエスのまなざしを実感していく様子が伺えます。

ここでわたしは、④や②の体験が、①③⑤といった自然体験の間に挟まれて語られているということに注目します。それは、こうした一連の自然体験の中で、在りし日の人生論的あるいは宗教論的な、いわば〝傷〟が癒されていったということを意味するのではないか、と推測するからです。「私の生涯を通じて、私が気づかないどんなときでも、キリストは私と一緒に歩んでいてくれたのだ……」（「ガリラヤ体験」）という言葉には、その安堵感が表現されているように思います。

死海、荒野、ガリラヤ、飛鳥等々を巡る旅のなかで、イエスの福音の中心的メッセージが、父性から母性、裁きからゆるしへの神観の転換にあるという実感をもったとき、あの「青春の迷い道」でのわだかまりや、「押しよせてくる数々の疑問をかかえて」精神的彷徨を重ねたこと、そうしたことどもが少しずつ氷解していく、少なくともそうした悩みが、実はアッバの御手にすっぽり包まれてのことであったのだ、という確信を得たのではないでしょうか。

そして、こうした自らの体験にもとづいて、他の求道者や日本人に対しても、「歪んだキリスト教のイメージを打ち破って……真実のキリスト教の風景をえがきだそう」という、神父としての使命を自覚することになるのです。

こうみてきますと、当該《「ファリサイ派の人と徴税人」のたとえ》は、井上神父の求道史において、律法主義・禁欲主義的キリスト教からアッバ神学的福音理解への転換点、メルクマールとなったのであり、いわば自力的求道から他力的求道へと移行する契機となったのではないかと思います。それはまた、感性的には神父を緊張から解放し、真の安らぎ・和らぎへと導いていくことになるのです。

六　軽み・和らぎの福音

以前わたしは、拙著『俳句でキリスト教』（サンパウロ、二〇〇五年）のなかで次のように述べました。

〈ひとことでいうなら、従来のキリスト教のイメージは堅くて重いのです。……この「堅さ・重さ」がネックになってイエスの福音の本質にたどり着けない。たどり着く前に門前払いをくわされてしまうのです。……

それに対し井上神学は、俳句的用語を使うなら「軽み」があり、気負いがないのです。井上神父の説くイエスは、かぎりなくやさしい。どんな人間でもまず受け入れてくださる。人の罪を数え上げて相応の償いや改心を迫るようなことはありません。これは遠藤周作の説く「同伴者イエス」とも一致します。そのイエスに信頼し、イエスとともに「アッバ」と叫んですべてをお任せする。端的にいえば、福音の本質はそれだけです。
ただし「軽み」は軽薄とは違います。俳句初心の頃というのは、おしなべて気負いが先立ち、出来上がった作品は観念的で、ごてごてしていて、重くなるものです。しかしあれこれ試行錯誤、苦心惨憺、句作を積み重ねていくと、いつのまにかその重さを突き抜けて、「ふわっ」と軽みが出てきます。わたしは日本のキリスト教も、そろそろこうした「軽み」が出てきてもよい時期に来ているのではないかと思うのです。
本文でも述べたように、「福音」とはなにより「よき知らせ」、喜びの告知です。ですから喜びや安心のない、がむしゃらな信仰というのは勇ましいかもしれませんが、どこか無理があるように思えてなりません。……〉(二六四〜二六五頁)
井上神父が自力から他力信頼へ、「イエスとともに〝アッバ〟と叫んですべてをお任せする」「南無アッバ」の境地へ向かう——求道上の「緊張」や「堅さ・重さ」「気負い」を脱して——突き抜けて、「軽み」、「和らぎ」「安らぎ」へと向かうということ。それは本質的に受け身的な姿勢であり、ケノーシスに通じる生き方といえましょう。その一八〇度の転換点に、かの《「ファリサイ派の人と徴税人」のたとえ》が大きく関わったということ、それは間違いのない事実のように思います。

第四章 『イエスのまなざし』における《たとえ》（一）

一　大地のように私たちを包むもの

次に、一九八一年に出版された『イエスのまなざし』（日本基督教団出版局）を見てみましょう。この本は、前出『日本とイエスの顔』、『私の中のキリスト』あるいは『余白の旅』といった書き下ろしとはちがい、井上神父がさまざまな機会に発表してきた論文や短文をまとめた、初のエッセイ集です。一九六三年から一九七九年まで、十六年間に書かれたものを二部構成にして、それぞれ六本ずつ時代順にまとめられています。したがって、年代的には前作より遡るものがほとんどです。件の《たとえ》については、二箇所で言及しています。

まず、第二部の三番目におさめられたエッセイ「大地のように私たちを包むもの」（初出『世紀』一九六八年十一月）には、次のように書かれています。

〈またイエスさまの《パリサイ人と取税人》のたとえ話を思いだしてみましょ

う(ルカの福音書一八章一〇〜一四節)。ゆすりもしないし、姦淫もしないし、二度断食し、よく神殿の維持費をおさめているパリサイ人が、この取税人のようでないことを感謝しますといって神殿でお祈りしたのにたいし、取税人のほうは、「神さま、こんな罪人の私をあわれんでください」といってお祈りをしたのです。そしてイエスさまは、この取税人のほうをみこころにかなう者だとおっしゃいました。

イエスさまが一番のぞまれたことは、私たちが心から素直に、天の御父の御前に頭を下げる姿勢だったように思われます。〉(一七四頁)

ここには、「頭を下げる」ことこそが、イエスが第一とした姿勢であることが明言されており、最初に見た『日本とイエスの顔』の聖書敷衍訳部分と同じ主張がなされていると考えられます。すなわちそれは、自らを「ひかえる」ケノーシス的姿勢の奨励です。この直後に、『ヨハネによる福音書』八章の〈姦通の女〉によって、「他人をさばく」ことが、「頭をさげる」姿勢と真っ向から対立するということを強調している点も、先の書と同様です。

ただここでは、右に述べたように、この神学的エッセイ「大地のように私たちを包むもの」が、前作までのような書き下ろし単行本の一章ではなく、もともと独立した文章としてカトリック雑誌に掲載されたものである、という点に注目したいと思います。たとえこれが、十四ページ程の短いエッセイではあっても、否、それだからこそ長い文章とは違った意味で、神父の主張が凝縮されていると思われるからです。このなかで、井上神父が何を言おうとしているのか、その文脈のなかで、《たとえ》がどのような位置にあるかを、探ってみましょう。これまで見てきた諸著作における《たとえ》の占める位置とは違うものが見えてくるかもしれません。

先に述べたように、このエッセイが書かれたのは一九六八年ですから、井上神父の最初の著書『日本とイエスの顔』出版から遡ること八年、ということになります。とすれば、おそらく、当該《たとえ》に言及した文章としては、まとまった形で残っている最古のものとなるわけで、その意味でも興味深いものがあります。

そしてもう一点、本稿を第一部からお読みくださっている方はお気づきかもしれませんが、六八年といえば、神父の『キリスト教から見た死の意味』という小論が書かれた年でもあるのです（『心の琴線』六七頁以下参照）。このなかで神父は、「死は人生の完成の時」である、という希望に満ちた論考を展開しています。しかし同時に、拙著でも指摘したように、この時期（一九六六～七〇年）は、日野の豊田教会に主任司祭として赴任し、さまざまな現実的問題に直面して苦労していたときでもあります。具体的に、日本人キリスト者・求道者を目の前に、共に考え、共に生きなければならない、という立場にあったのです。わたしは、そのときの心情が『キリスト教から見た死の意味』と同様、この時期に書いたエッセイ「大地のように私たちを包むもの」にも、にじみ出ているのではないかと思うのです。

二　日本人の神様

このエッセイは四つに分かれ、それぞれには次のような小見出しが付されています。

日本人の神様
大地いじょうのかた
十字架
東と西を越えるもの

分量的には各々一〜三頁程ですが、二番目の「大地いじょうのかた」だけは七頁に及んでおり、《たとえ》はこのなかで言及されています。

まず「日本人の神様」で、「ある学生」が井上神父に言った言葉からこのエッセイが起こされます。その要旨は、〝宗教は死ぬときに考えるものであって、それまでは精一杯生きればいい。宗教が掟や約束で人間を縛るのは悪だ〟というものです。

しかし神父は、この「身勝手な考え方」によって、「日本人のものの考え方」や「感じ方」にふれた気がする、といいます。

〈キリストをじっと見つめることをやめずに、しかも私のもつ日本人の感覚を大切にして生きぬいてみること——これが私の残りの人生に課せられた課題だと思っているのです。〉(一六八頁)

直後このように述べ、一般的な日本人が持っているふつうの感覚を大切にしながら、「二つのJ」——日本人とキリスト教を生きようという決意を表明しています。このあたりに、さきに述べた状況にある井上神父の心情が、垣間見えるように思います。

そして、堀辰雄の「大和路信濃路」の一節や「自然はいつもやさしく私をつつんでくれます」といった学生の言葉に共感しながら、最初の項をまとめます。

〈私にとっても、神さまというのは人間のように自分の前に立ちはだかり自分を問いつめてくるものではなく、自ら神さまの地位にとってかわろうとしないかぎり、どこまでも私を暖かくつつみこんでくださるかたなのです。大地のように大きく、暖かく、すべてをつつみこんでくださるかたなのです。……そして、苦しめられても傷つけられても、神さまの地位にとってかわろうとしないかぎり、最後には暖かく私たちをつつんでくださるその神さまの愛の光のうちに素直に頭を下げること――そこに……深い喜びと生き甲斐が生まれてくるのだと思います。〉（一六九～一七〇頁）

ここには、神はわたしたちに寄り添い、大地のように大きく包みこんでくださっているのだ、という日本的とも東洋的ともいうべき、即自然的神観がはっきりと示されています。そして右傍線部分に注意してみると、こうした暖かな神の対極にあるものとして「自分の前に立ちはだかり自分を問いつめてくる」ような「人間」が措定され、また神の愛に包まれる条件（この「条件」については、のちに検討します）として、「自ら神さまの地位にとってかわろうとしないかぎり」ということが繰り返し述べられていることに気がつきます。

他者の前に「立ちはだかり、問い詰めてくる」人間、「神の地位にとってかわり」他者をさばく――これこそイエスが最も嫌った姿勢――それは、「徴税人」を尻目に、神殿の前の方で祈りをささげていた、あの「ファリサイ派の人」を彷彿とさせます。それに対して、神の悲愛の光のうちに、「素直に頭を下げる」人間とは、あの「徴税人」のことではないでしょうか。

このように「日本人の神様」は、日本的感性になじむ神観を展開しながら、次項で言及する《「ファリサイ派の人と徴税人」のたとえ》を先取りした形でまとめられていることがわかります。

三　大地いじょうのかた

前項を受けて本論となるのが、最も頁を割いている「大地いじょうのかた」です。

ここに特徴的と思われるのは、「傷つける」「傷つけられる」といったように、「傷」という言葉を多用していることです。

本書第一章の結びで、井上神父が『日本とイエスの顔』のなかで、『ルカによる福音書』一八章の当該《たとえ》を脚注引用しながら記述している箇所について、わたしは次のようなことを述べました。すなわち、〝「他人を審くことに心の痛みを覚えぬ程に傷つき汚れている」という、労いともとれる物言いに、罪人——新約聖書中であれ、わたしたちに対してであれ——に向けられた神父のまなざしは、静かなやさしさに満ちており、そのまなざしは、イエスのそれを彷彿とさせるものである〟と。本項の「傷」はこの「傷」に結びつくものと思われます。

そこでこの言葉を手掛かりに、《たとえ》に至る神父の考えをたどってみたいと思います。

まず、神は「私たちの前にあるものではない」――対象化して理性によって把握できるものではなく、むしろ「後ろから下からすっぽり私をつつんでくださるかた」であることを確認します。このあたりには、西欧的な個と個の対立を前提とした神学ではなく、いわゆる「場の神学」が提唱されていると思われます。それが「自然のふところ」といったかたちで結びつく点に、井上神父の「汎在神論」の特徴を見ることができます。

ところが、その「自然は私たちを傷つけることはなく」また「私たちに傷つけられることもない」。したがって、自然は「一時的に私たちの心をいやしてくれ」「甘えの感情を満足させてくれ」ても、「大地のような心にまで近づけ高めてくれることはない」といいます。神父はここに、「自然」そのものの、わたしたちに対する限界を見ているのです。

これに対して「人間」は、互いに「傷つけ」たり「傷つけられ」たりもするが、「いやし」「いやされる」関係でもある――心の交流によって、「私たちを高め」あるいは「ひき下げ」もするものだといいます。つまり、「傷」と「いやし」という視点に立つと、自然と人間の関係以上に、人間同士は相互作用的であるということです。

そしてこれら「自然」、「人間」との比較において、三番目に「神さま」について言及します。

〈神さまとは、私たちによって傷つけられつつ、しかもなお、どこまでも頭を下げる私たちを暖かくつつみこんでくださるかたであり、かわることのない平和と喜びの大地のような心にまで、傷つけられることによって、やがては私たちを高めてくださるかたなのです。〉（一七二頁）

これらを整理してみます。

①自然と人間……一時的「いやし」をもたらしてくれても、「傷つけ」「傷つけられる」関係にはない。――人間を高めることはない。

②人間と人間……「いやし」「いやされ」また「傷つけ」「傷つけられる」関係。

――人間を高めもひき下げもする。

③神と人間……神はわたしたちに「傷つけられつつ」「暖かくつつみこんでくださる」——自身傷つけられることによって人間を高めてくれる。

この三者の関係については、最後の項「東と西を越えるもの」でもとりあげられます。すなわち、①「人間—自然」は「甘えと陶酔の関係」であり、その「延長線上に人間—神という関係をとらえたのが、美と情を中心とする日本の精神風土の伝統である」。また、②「人間—人間」は「恐怖と対立の関係」であり、その「延長線上に人間—神という関係をとらえたのが、知性と分析を中心とする西欧の精神風土の伝統であった」と。

そしてこの二つのとらえ方に対応する神のイメージを、次のように具体的に示します。

①「悪いことをしたって何をしたってかまわない。隣人を傷つけてもいい、なんでもそのままゆるしてあげる」というかた。

②「いくらあやまったって、行ないがなおらなければ決してゆるしはしないぞ」というかた。

神父はそのどちらも「おかしい」といい、結論として、次のようにまとめます。

③〈この両方ともに一面的であって、真の人と神さまの関係はもっと動的なものであり、人間―人間の関係のようなものとして初めは出発しながら、人間が自己の汚濁の深さを自覚し、それを神さまの前に投げだすことによって、それによってのみ、最後に、人間―自然のような、しかし、もはや甘えという言葉によってあらわすには不十分な関係に高められていくものなのです。〉（一八〇頁）

真の「人間―神」の関係は、「人間―人間」のような関係から出発し、単に甘えとはいえない「人間―自然」の関係へと高められる、すなわち、①、②の関係が昇華されて③の関係へと変化する、そのように「動的」――ダイナミックなものだというのです。

ここで注目すべきは、そのように「高められる」――昇華される契機となるのが、右傍線「自己の汚濁の深さを自覚し、それを神さまの前に投げだすこと」だといっている点です。この点を神父は「それによってのみ」と強調し、次のように、このエッセイの結語においても繰り返しています。

〈愛とは、小我の殻を突き破って、相手と生存をわけあうことです。そして小我の殻を突き破るためには、私たちは私たちをその殻のなかにとじこめている、どろどろとこびりついた汚濁を自覚し、それを素直に神さまの前に投げださなければならないのです。〉(同)

自己の汚れを自覚すること、そして、それを神の前に投げ出すこと、この二点が、小我の殻を破って、相手と共生する「(悲)愛」の関係に不可欠だという結語をもって、このエッセイは終わります。

〈アッバ、利己主義に汚れているわたしたちの心を、あなたの悲愛の息吹きで洗い清めてください。〉

他所でもすでに紹介しましたが、「汚れの自覚」と聞いたとき、南無アッバミサにおいでくださっていた方は、「風の家の祈り」の、この祈り出しをすぐ思い浮かべることでしょう。利己主義、エゴイズム、すなわち罪の自覚ということも、またそれが「悲愛の息吹で洗い清め」られるために、「素直に神の前に投げ出す」ことも、やはりケノーシス的姿勢につながります。

そして「大地いじょうのかた」でも、前項「日本人の神様」で先取りして述べられていたように、アッバの御前に「どこまでも頭を下げる」という、ケノーシスに連なる、あの「徴税人」の謙虚な姿勢が大切であるということが、繰り返されるのです。

四　罪の自覚と十字架

ところが、言うほど簡単に謙虚な姿勢をとれないのがわたしたちの現実です。どうすればわたしたちは、このように「素直」な姿勢に少しでも近づけるのでしょうか。この点について井上神父は、エッセイの中でわたしたちに大きなヒントを与えてくれます。

〈どこまでも、どこまでも、私たちをつつみこんでくださる神さまが天の御父であり、私たちによって傷つけられておられる神さまが、十字架の御子イエスさまの御姿なのではないでしょうか。〉(一七二頁)

神父は、自然相手のように一方通行でもなく、人間同士のようにお互い様の関係でもない――神はわたしたちに傷つけられつつ(十字架のイエス)、なおわたしたちを暖かく包みこみ(御父)、やがて高めて下さる方だと言うのです。エッセイ中、ここではじめて「十字架」に言及します。そしてこのあと「十字架」という一項目も置いています。

いま、『フィリピの信徒への手紙』二章の「キリスト賛歌」を思い出してみましょう。イエスのケノーシス的姿勢はその十字架をもって最高潮に達したのでした。そしてそれは、わたしたちの救いの根拠となるイエスの「人性と神性を結び合わせ、統合する要」でもありました(『すべて』一六九頁以下)。

エッセイではこの十字架の「御姿」に気づくために、

〈人は何等かのかたちで、つねに他人を傷つけ、苦しめながら生きているのだという厳粛な事実に私たちは、思いをはせるべきだと思うのです。

そこに初めて、十字架上のイエスさまの御姿が私たちの前にあらわれてくるのです。〉(一七三頁)

と述べています。

すなわちわたしたちが、「つねに他人を傷つけ、苦しめ」ている「厳粛な事実」に「思いをはせる」ことが、イエスの「十字架」に結び合わされていく契機になる、と説いているのです。

この直後井上神父は、マタイによる福音書九章一三節、
〈わたしは正しい人を招くためではなく、罪人を招くために来たのです〉
という、イエスの言葉をあげるとともに、ここで初めて《「ファリサイ派の人と徴税人」のたとえ》に言及し、
〈イエスさまが一番のぞまれたことは、私たちが心から素直に、天の御父の御前に頭を下げる姿勢だった〉(一七四頁)
と述べます。そしてさらに、『ヨハネによる福音書』八章の〈姦淫の女〉や『ローマの信徒への手紙』二章の言葉を引用し、人をさばくことがイエスの愛から遠いことにも触れます。
〈どんなに正しいことをおこなっていると自分で思った時でさえ、私の中には、どろどろとした汚い身勝手な世界がこびりついているのであり、またそれによって傷つけられている人々がいるのだということ、多くの場合それさえ気づかずに自らのみを正しいと思いこんでいるということ——このことを身にしみて私に教えてくださったことに、最近私はしみじみと十字架のイエスさまの私への愛を痛感しているのです。〉(一七五頁)

「自分でも気づかない」罪の無意識性、また「身勝手な」罪の他者性ということについてはすでに述べました（第一章）。さきほどは、こうした事態によって、わたしたちが他人を傷つけ、苦しめながら生きている事実に「思いをはせる」とき、「そこに初めて」十字架上のイエスの姿が現前すると述べられました。しかしここでは逆に、罪の無意識性や他者性によって他者を傷つけていることを「私に教えてくださった」のが、とりもなおさず「十字架のイエスさま」なのだといっているのです。

他者を傷つけていることが「厳粛な事実」であり、そこに「思いをはせるべき」ではあるのですが、わたしたちは――それこそ罪の無意識性・他者性のゆえに、自分の力で十分に思いをはせることができないのです。かえって、わたしたちがイエスの「十字架の死」を思いめぐらすことによって、罪の深さを知るということ。《たとえ》はこの罪の自覚と十字架の関係をちょうど逆転させる位置におかれ、その役割を果していると思われるのです。逆もまた真なり。現実には、人を傷つけていることへの思い＝罪の自覚→十字架、十字架→罪の自覚、この双方向の繰り返しによって、わたしたちは次第に、

〈人を傷つけながら生きているということは、とりもなおさずイエスさまの御心を傷つけながら生きているということ〉(同)にほかならないということを知るようになるのではないでしょうか。そして、

〈そこにはじめて、深々と頭をさげる信仰の姿勢が生まれてくるのでしょう〉(同)。

五 「頭を下げ」「共に」生きる

少し補足します。

他者を傷つけている思いと十字架のイエス――〈罪の自覚・十字架〉双方向の反復によって、「人を傷つけること」＝「イエスを傷つけること」という、「傷」における他者とイエスの同定意識がうまれ、その思いが深くわたしたちの心に届いた時、

〈そこにはじめて、深々と頭をさげる信仰の姿勢が生まれてくる〉

ということを学びました。そして、その「頭を下げる」姿勢は、《たとえ》における「徴税人」の姿であり、その対極にあるのが「ファリサイ派の人」の「人を見下す」姿勢です。

ところで、本書第二章冒頭――「悲愛は可能か?」においてわたしは、井上神

父によれば、わたしたちが「醜く」「残酷」な人間だということを、イエスは十分知りつくしたうえでアガペーを説いた、そこにこそ「信仰の秘密」がある、ということを指摘しました。

ではなぜイエスは、「人を傷つけ」「人を軽蔑し見下す」ことが常であるわたしたちに、そのことを「十分知りつくしたうえで」悲愛を説いたのでしょうか。理屈からいえば、そんな無駄とも思えることをイエスはなぜしたのか。しかも「そこにこそ『信仰の秘密』がある」というのです。『日本とイエスの顔』では、

〈この信仰の秘密をさぐるため、イエスの姿勢と教えにいま少し私たちは目を向けてみましょう。〉(一八三頁)

と述べ、続けてすぐ、

〈悲愛が共にということをもっともたいせつにするのであれば、人を軽蔑し見下すということは、悲愛とは程遠いことといわなければなりません。〉(同)

といい、その直後、件の《たとえ》を全文引用しながら、神父は自身の回心体験を語っていきます。今この部分をもう一度振り返ってみたいと思います。

右の井上神父の言葉は、悲愛の中心となる「共に」ということからは「程遠い」

こととして、「人を軽蔑し見下す」姿勢が語られています。すなわちそれは、「ファリサイ派の人」の姿勢ということになります。

このことと前述したことを合わせて考えてみましょう。「ファリサイ派の人」の「人を見下す」姿勢の対極にあるものとして井上神父は、「徴税人」の「頭を下げる」姿勢を主張していました。そして今ここではそれが、「悲愛」の中心メッセージ「共に」生きるということに置き換えられて主張されているのではないか、わたしにはそのように思えるのです。そして、先には「人を傷つけること」と「イエスを傷つけること」が同定されていったように、ここでは、「頭を下げる」姿勢と「共に」生きることが自ずと近づいていくということが説かれているのではないかと思うのです。わたしたちは、「頭を下げる」姿勢を学ぶ程に、「共に」という悲愛の最も大切な所を生きるようになるということです。そしてこの姿勢は前述のように、〈罪の自覚と十字架〉への思いを深くすることで、養われていく――そのように変えられていく希望がある。それが、神父の言う「信仰の秘密」の一端ではないか、とわたしには思われます。

『日本とイエスの顔』「第七章　悲愛」では、当該《たとえ》の後に〈善いサマリア人〉のたとえが引用され、悲愛――「共に」生きるということの意味を、より深く学ぶことになります。

第五章　『イエスのまなざし』における《たとえ》（二）

一 「行」と井上神父

さて、『イエスのまなざし』のなかでもう一箇所、《「ファリサイ派の人と徴税人」のたとえ》に言及する「行を媒介とする真の自己の獲得」（二二四頁以下）に移ります。このエッセイは門脇佳吉編『修行と人間形成』（創元社、一九七八年）に書かれたものです。この本には「行の教育的意義」という副題のもと、禅・ヨーガ・天台・修験道・神道など多分野から大森曹玄老師をはじめ十一名の宗教家・学者らが書いたものがまとめられています。「キリスト教の修行」では、井上神父のほか押田成人神父なども執筆に加わっています。

当該エッセイが書かれた一九七八年は、『日本とイエスの顔』の出版から二年後、既出『私の中のキリスト』が発刊された時期と重なります。このなかでも、たとえば、

〈体験そのものは教えることはできないもので、言葉で教えることができるのはただ、どうやったらその体験を自分のものとすることができるか、ということだけであるところに、およそあらゆる宗教において、知識より行《ぎょう》ということが重んぜられる理由がある〉（二一〇頁）

と述べており、井上神父が「行」に関して、並々ならぬ関心をもっていたことがうかがえます。

神父の体験主義・実践主義的側面については本稿のなかでも縷々述べてきたところですが、近年書かれた神父自身の文章のなかには、次のような記述があります。

〈ただ今になって不思議に思うことは、この求道の長い旅に私が出発した、そのときには、私はいわば「知」だけではなく「行」をも同じように重んじようとしたなどという意図は全くなく、ただひたすら外側から神の悲愛について考えるのではなく、神の悲愛の中に飛びこんで、神の悲愛を知りたいと夢中になっていただけだったということなのだと思います。〉（「風」第八一号、「南無アッバ」の祈りとお札に包まれて（一）、二〇〇九年）

これは、「～について知る」という概念による認識と、「～を知る」という体験による認識のちがいの大切さを、神父に教えてくれたのがベルグソンであり、はるばるフランスへ渡ったのも、テレジアのように「神を知りたい」と願ってのことだった、と述懐したうえでの言葉です。当時の井上神父に、体験知の重要性についての明確な意識がなかったとしても、テレジアへの思いが「知」をこえた「行」を無意識に求めさせたという証左なのだと思います。

こうして、そもそも体験知――「行」を重視する神父が「行を媒介とする真の自己獲得」なるエッセイを書くのは当然ともいえるわけですが、ここでは全体を概観しながら、現在のテーマである《たとえ》に言及したいと思います。

二「１　宗教における行の必要性」

全体を二つに分け、この「１」では、宗教に「行」は不可欠である、と切り出します。その理由は宗教が、

〈学問のように、机の前に座って頭を働かせていればそれで獲得できるというような種類のものではなくて、生きていくという私たちの生活そのものに根ざしたものだからである。〉（二二四頁）

とします。

ここでは、「頭を働かせる」こと（理性）と「生きていく」こと（体験）が明確に対比されていますが、それゆえに〝二つの宗教を同時に考えることはできても、同時に生きることはできない〟のだという、これまで見てきた神父の考えが想起されます。

そして「～について知る」という「概念的知識」と、「～を知る」という「体験的知識」についていくつかの例を出しながら、

〈体験的知識というものは概念的知識とはちがって、それ自身は根本的に伝達不可能な知識であり、各自が自分でそれを追体験する以外に知りようがない〉(三二七頁)

と述べます。その上でこの、体験的知識が「それ自体、伝達不可能」であり、「追体験する以外に知りようがない」という点にこそ、「行」の必要性があると説くのです。

〈どんなに多くの書物を読み、知識をたくわえ、そこへ行く道を知っていても、そこへ向けて出発しようという一念を起こさない人は、ほんとうの意味でそのものを知ることはできないでしょう。

聖書、特に新約聖書が行為を要求する実践的指導書であり、私たちに永遠の生命への道を説きあかしてくれる書であるなら、一念発起してその教えに従おうと決意し、行為を起こさないかぎり、ほんとうの意味でイエスの教えをわかることはできないと思います。〉(『日本とイエスの顔』三〇頁)

繰り返しの引用になりますが、「実践的指導書」としての聖書が威力を発揮するのは、この点においてです。

三　「2　イエスの教えにおける行」

ここからは、イエスの教え――キリスト教に限定した「行」の必要性と具体が示されます。

井上神父はまず、『フィリピの信徒への手紙』二章の「キリスト賛歌」と、イエスの「ゲッセマネの祈り」

〈アッバ、父よ、あなたは何でもおできになります。この杯をわたしから取りのけてください。しかし、わたしが願うことではなく、御心に適うことが行われますように。〉（『マルコによる福音書』一四章三六節、新共同訳に改）

を引用し、

〈己を無にし、ただ神の御旨になりきること、それがイエスと共に歩もうとするキリスト者の理想である。〉（一三二頁）

と説きます。すなわちそれは、本稿第二部の終わりから見てきている、己を「わきまえ、ひかえる」ケノーシス的姿勢です(『すべて』第一〇章)。

〈己を無にすることによって、小さな自分の我というものに死ぬことによってはじめて真の自己を獲得することができる——イエスの生涯はこの絶対の真理を私たちに示しているのである。〉(二三六頁)

〈己を無にすること、我に死ぬことによって、自己の存在の根拠たる神の愛と力が初めて完全に働くことにより真の自己が完成される——イエスのアガペー(悲愛)の生涯もまたこの真理を証しているのである。〉(二三七頁)

「共に喜び共に泣き」(『ローマの信徒への手紙』一二章一五節)「共に重荷を負う」(『ガラテヤの信徒への手紙』六章二節)——「共に」を中心とする「悲愛」の姿勢は、ケノーシスの実りであるということ。これは前章五「『頭を下げ』『共に』生きる」の項で示したことを、より明確に断言したものといえます。

そして本エッセイでは、この「悲愛」に言及してから、『ルカによる福音書』に触れることが多くなるのです。繁雑になるので、ここではいちいち列挙しませんが、総じてそれらの聖句は、イエスの悲愛の姿勢を明確に示す意図で引用されている、といっていいでしょう。

しかし、わたしたちの目標、「キリスト者の理想」がこのようであっても、〈実際には、ああしたい、こうしたいという自己中心的な欲望に捕えられ、……あせり、嫉妬し、かえって苦しみの淵に追いこまれているのが私たち凡夫の哀しい姿である。

人間イエスの心の中にも、この戦いは十字架の死まで続いたものであったにちがいない。〉(二三二頁)

と、「理想」と「実際」――現実とのギャップに悩む「凡夫」のわたしたちに、神父は理解を示します。

この「理想」に近づくためにわたしたちは、具体的にどうすればよいのでしょうか。井上神父はここで、気をつけなければいけないこととして、次のように述べます。

〈イエスとともに歩もうとするキリスト者にとって第一義的なことは、個々のイエスの行為を模倣するというようなことではない。イエスの個々の行為をその

まま模倣しようとするなどということは、かえって大変なあやまちをおかしかねないと私は考える。〉（二四〇頁）

「イエスの悲愛のまなざしと行為」は、ケノーシスのうちに「おのずからに湧出した」ものであり、わたしたち「凡夫」がその「行為だけを真似ようとすれば」「偽善的」か「自己嫌悪」におちいるだけだ、というのです。

すでに見てきたように、日本人が現在まで持ち続けてきた、キリスト教に対する歪んだイメージを払拭したい、というのが『私の中のキリスト』他、井上神父の著作、全活動の根本動機であり、それはまた、あの《たとえ》による回心に触発されたものでもありました。それにしても、井上神父自身「不思議で仕方がない」という、「キリスト教の歪んだイメージ」――この場合、律法主義的・道徳主義的キリスト教のイメージ――はどうしてできてしまったのか（『心の琴線』第六章、また「風」第六〇号二八頁以下に紹介した久野晉良氏の論参照）。そこには、求道者が「実践的指導書」としての新約聖書に対するときの根本的な問題があるのではないかと、わたしは考えます。

キリスト信者のあいだで昔から聖書の次によく読まれてきたといわれる、トマス・ア・ケンピスの『キリストにならいて』という書物がありますが、問題は「新約聖書は実践指導書である」といったとき、キリストの何にならうのか、ということなのだと思います。下手をするとわたしたちは、『マタイによる福音書』の「山上の説教」をそのまま実行しようとする、無謀な完全主義者のようになり、この「良い知らせ」たる書物をあたかも旧約聖書の律法書、あるいはそれに替わるイエスの掟のリストとして扱ってしまう危険があります。

ではどうすればいいのでしょうか。井上神父は次のようにいいます。

〈キリスト者が第一に努めなければならないことは、己を無にして神に全てを委ねたイエスの姿勢——そこからおのずから沸きでてくるイエスの個々の行為ではない——を少しでも自分の生き方の中に実現させていくために必要なことを行なうことである。〉（二四〇～二四一頁）

ケノーシス的イエスの姿勢→個々の行為という流れのなかで、結果としての「個々の行為」に目を奪われず、源たる「イエスの姿勢」にまでさかのぼり、その姿勢を自分の中に実現するために「必要なこと」をせよ、というのです。ここにおいて、具体的な「行」が提唱されます。

四 「イエスへの凝視と祈りの姿勢」

この小見出しのとおりの言葉で、井上神父が提唱する「行」の具体がはっきりと示されます。

まず、『ルカによる福音書』一八章一五～一七節、『マタイによる福音書』一一章二五節などにより、前述のケノーシス的キリスト者の理想像が、幼子の道――〈天の風のまにまに己を委ね切って生きること〉（二四二頁）と、リジューのテレジアを髣髴させる求道性として目標づけられます。そこに「真の自由と平安と歓びが生まれてくる……」と。その上で、〈この境地への道は①「イエスへの厳しい凝視の目」と、そのイエスという鏡にうつっている己自らへの②「厳しい自己凝視の目」であり、そこから必然的に生まれてくる③「祈りと合掌の姿勢」である。〉（二四三頁、番号平田）

と、具体的な「行」の内実――「道」が示されるのです。そして右の「道」を歩もうとする者がそのまま、井上神父いうところの「キリスト者」の意味になります。すなわち、

〈キリスト者とは、イエスの姿を凝視することによって常に自分の悲愛の足りなさに気づき、その自分をそのままの姿で包みこんでくださる神の無限の悲愛の心に感謝し、合掌し、少しでもイエスの心に自分を近づけてくださることを願っている者〉(二五〇頁)

ということです。このような「キリスト者」の規定・定義にも、「キリスト者とはイエスを神の子、救い主と信じ……」という教条的なもの言いとはちがう、井上神父の「下からのキリスト論」的傾向がうかがえます。

と同時にここには、先の①～③の三つの「行」の関連性、あるいは「道」の方向性が、よりわかりやすく説かれています。つまり、

①イエスへの凝視

②自己凝視＝悲愛の足りなさへの気づき

③至らない自分を無条件に包み込む神の悲愛への感謝・合掌・願い＝祈り

このような「凝視」「気づき」「祈り」という流れを井上神父はもう一度、「イエスへの厳しい凝視の目」と「祈りの姿勢」という二つにまとめ、これらを「キリスト者に欠くことのできない根本的な行」とします。そして、これを〈忘れない限り、いつかキリスト者をあのイエスの姿へと少しずつ変貌させ近づけてくださるにちがいない〉（二五二頁）とキリスト者の希望を語って、このエッセイを結んでいます。

五　二つの注意と《たとえ》

さて、「行を媒介とする真の自己の獲得」について井上神父は、このように大変説得力のある話を展開しているのですが、ケノーシス的まねびから悲愛へと至るプロセスの中で二つの注意事項を上げています。一つは、前述のとおり、「イエスの個々の行為」ではなく、「イエスの姿勢」を学ぶように、ということです。そして今ひとつは、その具体的な「行」として「自己凝視へとつながるイエスへの凝視」と「祈りの姿勢」が、

> 〈車の両輪の如きものであって、どちらか一方を欠くということはきわめて危険な結果をまねくおそれがある〉（二五〇頁）

ということです。

前者については、もしこの忠告に反するならば、「偽善的」になるか「自己嫌悪」

におちいる危険性が指摘されています。そして後者については、そのバランスを欠くと、わたしたちは「自己嫌悪」に悩まされるか、「自己本位」の願い事に終始してしまうと、神父はいうのです。

今、ここに指摘されている三つの言葉を振り返ってみましょう。

「偽善」——福音書に明らかなように、イエスが最も嫌ったものは、ファリサイ派や律法学者たちの偽善でした。

「自己嫌悪」——弟子たちには復活体験の前に、イエスを裏切ったがゆえの「自己嫌悪、恐怖感、不安……」といったマイナスの感情があったことが思い起こされます（『すべて』一六頁）。また、井上神父自身の「回心」を語るときのキーワードでもありました。（本書第二章三）

「自己本位」——エゴイズムに直結する態度であり、そうであれば井上神学では端的に、「罪」と置き換えられるものでした（前掲書、三九頁）。

こう見てきますと、わたしたちはたとえ善意であっても、悲愛を実現しようとしてつい右のような「偽善」や「自己嫌悪」や「自己本位」に陥りやすいということ、それは罪を誘うもの——罪の姿勢といえましょう。

〈イエスの前に自分を立たせてみたとき、イエスの生涯は、ある厳しさをもって私たちに悲愛の心を要求する。それは、単なる親切とか思いやりとか人助けとかいった個々の行為を超えた、心の在り方そのものへの要求である。〉(二四三頁)

〈悲愛はこの(十戒)のような意味での行為禁止の掟……ではないということである。〉(二四五頁)

〈悲愛とは個々の行為にあるのではなく、その行為を生む心の姿勢にこそあるのである。〉(二四六頁)

悲愛の「完全」要求の前には、人間がどんなにがむしゃらに「イエスの個々の行為」をまねても、どこまでも不完全でしかないのです。それは、テレジアが「行為でなく姿勢を」といったように、あちらが主体となって、「おみ風様」(聖霊)をお通し申し上げるほか、悲愛の完全性に応えるすべはない、ということです。

井上神父は、その具体が「徴税人の祈り」なのだというのです。

〈それはイエスの姿勢の前に自分を立たせ、そのイエスの姿勢を鏡として己自身の姿をそこに映してみる限り、いつでも自分の至らなさと醜さとに自分の胸を叩く税金取りの祈り（ルカの福音書一八章一〇節以下参照）を自分のものとして感ぜざるをえないような種類のものなのである。〉（二四六頁）

六　悲愛へ導く「行」――「徴税人の祈り」

悲愛へと導く、先にあげた「凝視」「気づき」「祈り」に集約される三つの行の先達として、「徴税人」の姿勢が推奨されているのです。

もう一度、「徴税人の祈り」を振り返ってみましょう。

「神様、罪人のわたしを憐れんでください。」(『ルカによる福音書』一八章一三節)

この短い祈りのうち、「罪人のわたしを」(モイ・トー・ハマルトーロー)という部分は、先のキリスト者の定義にあった「イエスへの凝視による自分の悲愛の足りなさへの気づき」に通じます。

しかし同時に、ここまで見てきたわたしたちは、その「罪人のわたし」を挟む(原文では直前の)、「神様、……憐れんで下さい」(ホ・テオス、ヒーラステーティ)という言葉に、井上神父が定義したキリスト者のもう一つの属性、

〈その（罪人の）自分をそのままの姿で包みこんでいてくださる神の無限の悲愛の心に感謝し、合掌し、少しでもイエスの心に自分を近づけてくださることを願っている者〉の姿――アッバへの絶対信頼の祈りが込められている、ということにも気づかされるのです。それはいいかえれば、ダメな自分に絶望しない――キリスト者の希望の姿でもあります。ちなみに、「ヒーラスコマイ」という動詞の命令法アオリストとよばれる形（受動態二人称単数）で、およそ一回的な動作の命令として使われるものです――「お慈悲を！」（岩波訳）。

こうして、どこまでも不完全なわたしたちは、先ほど見た「偽善」「自己嫌悪」「自己本位」といった罪の姿勢にときに傾きつつも、「徴税人の祈り」にならい、歩み続けるものとなるのです。

所詮は「醜く」「残酷な」わたしたちに、それでもなぜイエスがアガペーを説いたのか――その「信仰の秘密」の一端は、頭を下げることを学ぶ程に、わたしたちが悲愛――「共に」を生きるようになるからだ、ということをすでに述べました。ここではさらに、わたしたちが「徴税人の祈り」の姿勢を少しでも自分のものにすることによって、罪あるままに希望をもってイエスの心に近づけてもらえるということ。ダメ人間のままを受け入れ、変容させるアッバの働き——ここにも不可思議な「信仰の秘密」があるのではないでしょうか。

井上神父が福音書の行間を、いかに丁寧に読み解いているかは、この連載全般を通して見てきました。とくに第二部（『すべて』）では、「復活」を中心にこのことをくわしく考察したつもりです。

同様にこの《たとえ》についても、神父の各著作の中で、その置かれた位置により、如何に多様かつ深い読みをわたしたちに提供してくれていることか。こうしたところにも井上神学＝アッバ神学の「底知れぬ深さと幅」（右書「あとがき」）を感じずにはいられません。

第六章　『愛をみつける』における《たとえ》

一　思い出すこと

さらに出版年代順に《「ファリサイ派の人と徴税人」のたとえ》を見ていきましょう。『愛をみつける――新約聖書のこころ』（潮文社）は近年新装版が出ていますが、初版は一九八一年九月の発行で、「あとがき」には「一九八一年盛夏」と記されています。

『すべて』の「プロローグ」にも書いたとおり、この年はわたしにとって、精神的にも生活の上でも大きな転機となりました。再就職、洗礼そして結婚という、三大事をいっぺんに経験することになったからです。この年の前半までは一人で、結婚が決まってからは妻と二人で、何回か井上神父のいた東京カテドラルのカトリックセンターへお邪魔しました。その前年、一九八〇年から「風の家」設立の一九八六年までの五年余りは、わたしが井上神父の人となりを最も身近に感じた貴重な時期だったのだと、今なつかしく振り返っています。こうした個人的な経過の中で、『愛をみつける』が発刊されると貪るように、一気に読んだことを憶えています。

まず、この本をめぐって、印象に残っていることを少しあげてみます。

第一は、すでに触れたことですが、この『愛をみつける』から（『まことの自分を生きる』にかけて）、井上神父の文章が、「より自在に、より自身の文体となり、自由でのびのびしてきた」（『心の琴線』一四二頁）ということです。あとで気がついたのですが、これは翌年出された戸田義雄編『日本カトリシズムと文学』（大明堂、一九八二年）の次のようなくだりと一致します。

〈「Ⅳ　シンポジウム　日本カトリシズムの原点と成熟」中、一九六三年の論文「日本の歴史的風土とキリスト教序論」と一九八〇年の『余白の旅』の文体の変化を指摘されて〉

井上　……それは多分、一つはやはり当時は「とにかく何か訴えてみたい」というような気持ちでしょうかね。何かそういうコチコチの気持ちがあったと思うんですけれども、自分の心情とキリスト教との距離が全然埋っていませんでした し……。けれども今は漠然とではあっても、少しかたちがつかめてきたし、何て 言うか……余裕みたいなものが出て来たとでも言えるのでしょうか。

小田桐弘子（日本文化研究所研究員）　別に意図なさったわけではなくて。

井上　全くないですね。ただその間にやはり私が付き合ってきた遠藤さんとか、三浦朱門さんとか、矢代静一さんとか、たくさんの文学関係の人がいますね。無意識のうちにそういう人たちの影響ってのは、あるんじゃないでしょうか。何しろ「文章がなってない」と、それだけしか言われてきませんでしたからね。『愛をみつける』で初めて「あんたの文章になったんじゃないか」って。それは特に矢代さんに言われたのですけれどもね。

小田桐　大変失礼な感想を申し上げますと、前の御論文の頃にはお考えがあるのだけれど、それを伝える対象の顔が見えないというような感じがあったのですが、最近のは、一人ひとり読者の顔を神父様がちゃんと心の中で想定なさり、この人にはわかってもらえるだろうとの確信を持って書かれているようにお見受けしたものですから。）（一八五～一八六頁）

蛇足ですが、この本が出されたとき神父はわたしに、「これは、まあ、女子高生向きに書いてみたんだ」（笑）と、ちょっと照れくさそうに話していたことを、思い出します。「あんたの文章になったんじゃないか」といわれるほど「自在な文体」になったのは、神父自身がいうように、心の「余裕」によってもたらされたものでしょう。それは小田桐氏が指摘したように、具体的に「一人ひとり読者の顔をちゃんと心の中で想定」して書くという結果を生みだします。もちろんそれが文字どおり「女子高生向き」という形で、対象を狭く限定することにはならないでしょうが、そのために、この時期から井上神父の「下からのキリスト論」的発想や救い表現が、開花することにもなったのだと思うのです。

いわずもがな、ここでは、彼女たちを見下しているのではありません。たとえとして、現代の女子高生がわかるようなかたち、表現によって、福音が伝えられなければならないということ。そうでなければ、現代日本においてキリスト教のインカルチュレーションはありえない、ということを示しているのだと思います。わたし自身、教室で彼女らに直接関わっている者として実感をもって、神父のその心が読み取れます。こうした経緯を踏まえながら、この『愛をみつける』を見ていきたいと思います。

前置きが長くなってしまいますが、もう一点。これもすでに引用しながら述べ

たことと関連するのですが（『心の琴線』五二頁）、右シンポジウムで、北森神学

との比較に話が及んだ時、神父は次のように言っています。

〈……確かに、十字架の血というのは、自分を裏切ってゆく人間を、やっぱり

包み込むところに、流れるものなんだろうというふうな……。そういうことはね、

『愛をみつける』あたりでは、私も何となく感じたのです。だけど……〉（『日本

カトリシズムと文学』一九七頁）

〝その痛みが、御父の神様までいってしまうときつい〟と、いわば「痛む父と

慈しむ父」との対比が語られたのでした。しかし今ここでは、「十字架の血」が

裏切る者を「包み込もう」とするときに流れ、痛むものなのだということを神父

が「何となく感じた」のが、『愛をみつける』を書いている頃だった、という点

に注目しておきたいと思います。

総じてわたしたち平均的な日本人が、「愛」と聞いた時に思いつくようなもの――恋愛、夫婦愛、親子愛、友情、あこがれ、隣人愛……そうした諸々を巡りながら、最終的にアッバの悲愛＝アガペーに気づいてもらう、ひとことで言うと、『愛をみつける』はそういう本ではないか、と思います。

二　他者の哀しみに心を痛める

前置きが長くなってしまいましたが、当の《たとえ》の所を見ていきましょう。十八章にわたって書かれた、このエッセイの後半にさしかかる第一二章に、《たとえ》が引用されます。ただし、聖書からの直接引用ではありません。それは先の読者対象――本書は〝女子高生向け〟――が念頭にあるからでしょう。ここは、たびたび言及してきた井上神父の、思い切った聖書敷衍訳、意訳、さらには解説の力が発揮される所です。このあたりがまた、「あんたの文章になった」といわれる所以でもありましょう。

神父はこの《たとえ》を、以下のように書き出します。

〈ある日、エルサレムの神殿に二人の人がのぼってお祈りをした……二人のうち一人は、みんなから盗人、売国奴として軽蔑される税金取りであり、今一人は、みんなから立派な謹厳な人たちとして半ば尊敬され半ば恐れられていたファリサイ派の人でした。当時神殿の聖所の両側には、ユダヤ人の男子だけが入ることを許された「イスラエルの庭」という庭がありましたが、税金取りは盗人だからということで、後ろの方の席で祈らなければならないことになっていました。〉（一二六頁）

これにあたる聖書テキストは、

〈二人の人が祈るために神殿に上った。一人はファリサイ派の人で、もう一人は徴税人だった。〉（『ルカによる福音書』一八章一〇節）

です。このわずか一節を、これだけ敷衍（傍線部）――解説しているのです。この調子で話がすすめば、おそらく聖書を一行も読んだことがないような日本の読者であっても、十分にこの《たとえ》の宗教的文化的背景が理解できるでしょう。

そしてわたしは、この《たとえ》敷衍部の白眉は、つぎのような「税金取り」の祈りだと思います。

〈神様、何といってもお金は欲しいし、妻や子供の喜ぶ姿を見たくて、悪いことと知りながら、ついつい今日まで不当な税金を通行人からしぼりとってまいりました。どうしようもない私ですけれども、どうかこんな罪人の私にも憐れみをおかけ下さい。どうかよろしくおねがいいたします〉（一二七頁）。

件の「徴税人」の祈り、

「神様、罪人のわたしを憐れんでください。」（『ルカによる福音書』一八章一三節）を、一般の人にこれほどわかりやすく、リアルにその心情を表現した敷衍訳はないと思います。こうして、「自分のどうしようもなさを、素直に神の前にあやまった税金取りの祈り」は、神に聞き入れられる。そのことは、井上神父も「よくわかる気がします」と言っています。

しかし、「ファリサイ派の人」の「まじめ」で「尊敬され」、神に「感謝した祈り」が、

〈なぜ神のみこころにそわないとイエスは言ったのだろうか。これは、私がフランスに渡ってしばらくたったころから、私の心をとらえはじめた疑問でした。〉と、あのリヨンでの回心体験（一九五三年）前の心境を吐露しています。

〈そしてその疑問が氷解していく過程で、イエスが一番嫌った姿勢は、こんなだめな奴と俺とはちがう——と人を審き、石を投げる姿勢だったのだ、というこ

とが明白にわかってくるにつれて、私の人生の軌跡は、それまでとはちがった方向に大きなカーブをえがいてきたような気さえするのです。〉（一二八頁）

と、回心の経緯を語ります。

またこのように、当時の社会で正しいとされた「常識的な価値基準を転倒させ」「アガペーの愛を人間の最高の価値」としたイエスから出た言葉として、『マタイによる福音書』二一章三一節を敷衍します。

〈自ら持すること固く、悪を行わずに生きているあなたたちよりも、夜の女や税金取りの方が先に天国に入る〉（一二九頁）。

《たとえ》とこの言葉から神父は、

〈隣の人間の哀しみや思いに心を痛めずに生きている人たちは、彼らの軽蔑するコールガールなどよりも、神の前でははるかに劣っている〉（同）

という結論を引き出しています。つまり、自ら「謹厳実直」に生きることよりも、「隣の人間の哀しみや思いに心を痛め」ることの方が、はるかに尊いというのです。

これまでみてきた井上神父の著作では、《たとえ》について、「人を審き、石を投げる姿勢」こそ、「イエスが一番嫌った姿勢」であるということ、すなわち人を裁かず、石を投げない姿勢――「為さざる愛」が奨励されている、ということを学んできました。しかし、この『愛をみつける』まで来たときわたしたちは、アガペーには「人を裁かず、石を投げない」という、不作為だけではすまない、否、そうした姿勢の根本にあるべき、「隣の人の哀しみや思いに心を痛め」ることのできるメンタリティが要求されているのだ、ということに気づくのです。

三　哀しみをうつしとる心

ここで『愛をみつける』第一二章の冒頭に戻ってみましょう。その前の章で『ヨハネによる福音書』八章の〈姦通の女〉が引用され、それを受けて、

〈人の思いや哀しみをかけがえのないものとして大切にし、それを己れの心に感じとるアガペーの愛の心こそが人間にとって一番大切なまた不可欠なものであり、この愛を生きぬいてみようとしたときにこそ、初めて人間にとって真の幸せと歓びに通じるものがみえてくる〉（一二五頁）

と宣言するところから、この章ははじまります。

本書第二章ではたとえてみれば、この「姦通の女」に「石を投げない」姿勢――「為さざる愛」が強調されているのが井上神学である、とわたしは述べました。キリ

スト者は、掟や道徳を重視したファリサイ派に対して、愛を重視している、といいます。しかし、その「愛」が、無意識に律法的、道徳的に捉えられているということはないでしょうか。わたしたちは、「愛」や「アガペー」といったときでさえ、「何としても掟や道徳律にまず目が向いてしまい」がちなのです。そして目に見える——自他の目に善く映る「為す愛」に走りがちなのです。

この現実を知った上でもう一度、右に引用した言葉を気をつけて読んでみると、大変重要なアガペーの本質を、井上神父は端的に指摘していることに気づきます。すなわち、わたしたちの「真の幸せと歓びに通じる」「一番大切なまた不可欠なもの」——最重要な宝は、「アガペーの愛の心」であり、それは「人の思いや哀しみを大切にし己の心に感じとる」ということだといっているのです。

理屈をいえばたしかに、「大切にし感じ」とったのちに、何らかの為す（べき）愛の行為が、自ずから湧き出るかもしれません、あの「善いサマリア人」（『ルカによる福音書』一〇章二五節以下）のように。しかしその「為す（べき）愛」が具体的に何であるかは、律法や一般道徳で前もって一律に規定することは不可能です。井上神父がよく、「（死の苦しみに耐えるための）お恵みは、前もって準備できるようなものではなく、それが必要な時に、その場で、その人にだけ与えられる」ものなのだ、と言っていたことが思い出されます。

ここではむしろ、どのような「為す愛」に出るかどうかより前に、アガペーの本質が相手の哀しみを、まず「己の心に感じとる」所にあるという点が強調されていることに、注目したいと思います。

前述のとおり、本書第二章では、井上神父のいう「悲愛」の要素として、人に「石を投げない」――「～しない」という「為さざる愛」、すなわち不作為の姿勢を指摘しました。しかしこの箇所では、相手の心を自分の心に「感じ（うつし）とる」姿勢が強調されています。それは「～しない」という不作為――ある意味消極的な姿勢から、一歩踏み出して、すすんで相手を受容していこうとする積極的な意志活動ともいえましょう。

そしてこの、「積極的受容」の姿勢は、前項で見た《たとえ》の主張、悲愛とは「隣の人の哀しみに心を痛めること」（共感）という結論と合致します。つまりイエスは、この積極的に相手を受容するアガペーの本質を説くために、《たとえ》を語ったということになります。

悲愛が「共に……」を強調しているということは、これまでにも度々言及しましたが、ここではそれが、より積極的な共感として主張されているように思います。

〈人の思いをうつしとることは、同時にその人の弱さや欠点をゆるし、受け入れることにつながる〉。（一四九頁）

〈その人の心の鏡が澄んでいなければ、隣の人の哀しみも重みもその人の心の鏡にうつすことはありません。自分のことだけで、わがままで心の鏡が汚れ切っている人は、すぐ隣の人が哀しみに打ちひしがれていても、その気持ちをうつしとり、感じとることができません。〉（一四六頁）

これらの言葉は、人の思いを「うつしとる」ことが、その人をそのまま「受け入れる」ことを意味するとともに、わたしたちが日常の中でそうした思いをうつしとることの難しさをも語っています。

四　イエスが先に受け入れてくださる

この自覚を持つときわたしたちは、祈ることの重要性を痛感します。

〈……人々の弱さ、欠点、罪を裁くことなく、まずこれらを受け入れられた御子イエスの悲愛の心に、私たちの心を近づけて下さい。また、御子イエスが、深い哀しみと痛みを背負って、重い人生を歩んでいた人たちの心を映しとり、受け入れ、友として生きられたように、私たちにもそのような人々の心を映しとれる友の心をお与え下さい。苦しみも、哀しみも、喜びも、すべてをあなたの御手から受けとることによって、私たちの日々の生活が、あなたの悲愛の息吹きの働きの場となることができますように。……〉

おなじみの「風の家の祈り」（部分）です。あらためてこの祈りを吟味してみると、「受け入れる」「受けとる」「映しとる」という言葉が、繰り返し使われていることに気づきます。このことも、今回学んだ『愛をみつける』の《たとえ》にまつわる主張と符合します。すなわち、ここでの《たとえ》に限らず、井上神父が回心に導かれた《たとえ》との出会い以降、「悲愛」には、他者やアッバに対して、自らが積極的に受け身となる姿勢＝「積極的受容」という内実が主張されてきたといえるのではないでしょうか。

そしてわたしたちが、このような「風の家の祈り」を繰り返し唱えるのは、この「積極的受容」ということが、風の家会員やキリスト者にとって、今も理想であり、目標であり、願いでもあって、たやすく達成できるようなものではない、ということをも意味します。

しかし驚くべきことに、そのようなわたしたち――容易には隣人の思いをうつしとり、受け入れられない未熟なわたしたちをこそイエス、ということはアッバは、「裁くことなく、まず」先に自ら「受け入れてくださっている」ということ、それこそがまさに「福音」なのです。

これまでも、『ルカによる福音書』七章の〈罪深い女を赦す〉の例など、イエスのゆるしが先行して回心に導かれる話を見てきましたが（『すべて』第三章他）、

『愛をみつける』では、同じ福音書の一九章〈徴税人ザアカイ〉の話をとりあげて、井上神父は次のように述べています。

〈人はただ叱られたり、審かれたり、きめつけられたりすることによって力を得るものではないでしょう。もしその人が、自分の欠点や弱さを乗りこえようという勇気を持ちえたとしたら、それは自分が理解されている、受け入れられていると、感じたときではないでしょうか。〉（一五四頁）

わたしたちは通常、汚れた鏡のように、人々の哀しみや痛みをそのまま心に映しとることができません。ついつい人の弱さ、欠点、罪を裁いてしまい、相手のことを受け入れることができません。しかしもし、わたしたちが「自分の欠点や弱さを乗りこえ」て隣の人の哀しみを、心にうつしとり、受け入れ、罪をゆるすことができることがあるとすれば、キリスト者にとってそれは、イエスという先達が、アッバが、「まず先に」わたしたちを受け入れてくださっているという事実によってなのだということ。この「福音」をもう一度思い起こしたいと思います。

五　受け入れるとき傷つく

ここでもう一点、忘れてはならないことがあります。

〈しかし人を受け入れるときには、自分もまた傷つくものです。これはやってみれば、すぐわかることです。

後になってイエスの弟子たちは、十字架上のイエスの血こそ、全人類の汚さと哀しみとを受け入れることによって流されたものだと理解していったのでした。〉（一五七頁）

〈裏切り者の私（弟子）たちをとことんまで受け入れ、可愛がってくださったのだ……十字架上の血は、その受け入れがたい裏切り者の弟子たちを受け入れることによって流され、その覚悟の死は、いわば裏切り者を受け入れるための必然的な過程だということをわからせたのだと思います。〉（一六二～一六三頁）

人を「受け入れる」とき、無傷ではありえない、そこには必ず「十字架の血」が流れるというのです。

本書第四章では、「傷」をキーワードに《たとえ》を考察しました。そこでは、「傷つけられ」つつ「私たちをつつみこんでくださる神」――「十字架の御子イエスさまの御姿」から、わたしたちの罪深さを知る、ということを学んだのでした。ただしそれは、一九六八年に書かれた井上神父のエッセイによるものです。そこからこの『愛をみつける』(一九八一年）までは十三年が経過しています。

前に引用したシンポジウム「日本カトリシズムの原点と成熟」のなかで、小田桐氏は一九六三年の論文「日本の歴史的風土とキリスト教序論」と一九八〇年の自伝的エッセイ『余白の旅』などの文体を比較して、〈それは例えば読者対象を想定なさるなどして、意図的に（文体を）お変えになったのでしょうか。〉（『日本カトリシズムと文学』一八五頁）と井上神父に質問しています。それに対し神父は、全く意図したわけではないけれども、結果的に『愛をみつける』で自分の文章にな、っ、た、ということを述べていました。思うに、この一九六〇年代から八〇年代初頭にかけての文体の変化は、それとともに、「十字架の傷」といったキリスト信仰の内実をも神父のなかで深めさせることになったのではないでしょうか。そうでなければ、六〇年代にすでにあれだけ「十字架」や「傷」について考察していながら、十数年を経てここで初めて実感したかのように、〝十字架の血は裏切る者を受け入れるとき流れることを「何となく感じた」のが『愛をみつける』の頃だった〟などと、シンポジウムで発言するはずはないからです。本章冒頭の「思いだすこと」の二点目として『愛をみつける』の執筆時期に注目したいとわたしが述べたのは、このような理由によります。

帰国後の井上神父は、一九六〇年に司祭に叙階されてから、いくつかの教会で目の前の信者、求道者と悩みを共にし、また真生会館や神学校で若い人たちに教え、学びを共にしてきました。そうした諸々が先の文体の変化とともに、キリスト教の教義やこれまであたりまえのように使われてきたキリスト教用語を、日本人の心でとらえなおすという、気の遠くなるような作業に神父を駆り立てます。その苦闘のなかで、この「十字架の傷」も新鮮な響きを持って、神父に感じられてきたということではないでしょうか。

第七章　『新約聖書のイエス像』における《たとえ》

一　「～について知る」から「～を知る」へ

〈一人でも多くの方にイエスについて知っていただくため、さらにはイエスを知っていただきたいと願いながら、新約聖書の中に、イエスの姿を追っていってみたいと思うのである。〉

井上神父の書いた七番目の著作『新約聖書のイエス像』（女子パウロ会、一九八二年）の「序にかえて　イエスを知ること」は、この言葉で締めくくられています。

ところで筆者は、定例の南無アッバミサがなくなる一年ほど前から毎月、四谷の同じ場所で「講座・井上神父の言葉に出会う」を行っていますが、そこで最初に取り上げたテーマは、「井上神学の体験主義・実践主義について」でした。それは具体的には、拙著『心の琴線』で井上神学の第一の特徴として、聖書を「実践指導書」としてみる姿勢を指摘したことによります。ところが当初一、二回でこのテーマを切り上げるつもりが、気がつくと七回までを費やしていました。それは右のような、「〜について知る」ことと「〜を知る」という、二つの認識方法が井上神父にとって、学生時代、自殺を考えるほどの虚無感から救ってくれた「恩人」ベルクソンによって示された重要な思考法であり、神父の著作のなかで繰り返し紹介されているからです。『新約聖書のイエス像』のこの序文も、「〜について知る」ことから「〜を知る」という段階へ読者を導くことをねらって書く、という宣言と受け取れます。

この本は「あとがき」にもあるように、もとは「聖書炉辺講義」と題して、二年間『あけぼの』誌（女子パウロ会）に連載した原稿がもとになっています。「第一章　福音の夜明け」から「第十一章　イエスの受難・死・復活」まで、およそイエスの生涯を辿りながら、ヨーロッパ人から「借りものの服を着せられているような感じ」のイエス像ではなく、日本人が身近に感じられるそれを提示しようとした、と神父は述べています。こうした執筆動機や構成をみると、〝いつか、ぜひ書きたい〟と願っていた〝イエスの生涯〟――のちに『わが師イエスの生涯』

において実現——を準備する著作といえましょう。

二　《たとえ》を総括する

《「ファリサイ派の人と徴税人」のたとえ》は、「第三章　罪人の招き」に登場します。

〈イエスは、律法を絶対なものとし、律法によって自分と他人の生活を律していこうとする、その生活態度そのものを問題としているのであり、律法主義そのものを根底から否定しているのである。〉（五二頁）

そして律法や掟よりもアガペー＝人の哀しみを心に映し、受け入れることをイエスは優先した、という結論は、前著『愛をみつける』などと一致します。そればかりでなく、《たとえ》からこの結論にたどり着くまでの過程――《たとえ》におけるイエスの直接的主張が人を裁くことへの批判であり、途中『マタイによる福音書』二一章三一節や『マルコによる福音書』三章一～六節などで結論が補強される点も、前著と内容的に同様とみてよいと思います。それは二著の執筆・出版時期の近さ（一九八一、八二年）を知れば自然のことと言えましょう。

しかし、ほぼ同時期に書かれた二書の《たとえ》をめぐる話のニュアンスは微妙に異なります。すなわち、〝女子高生〟（前章参照）にやさしく説くような語り口の『愛をみつける』は、聖書を読んだことがないかもしれない現代人一般の悩みに処方箋的に答えようとしているのに対し、『新約聖書のイエス像』はイエスの生涯を時系列の太い幹として、やや学問的に書かれています。それは、カトリック月刊誌への連載という事情も考慮の上、どちらかというと信者の再学習的趣が強いものになっているからです。「聖書炉辺講義」という連載時のタイトルにも、そのことが表れています。当該《たとえ》は、こうしたそれぞれの文脈の中に置かれることになります。このことは、《たとえ》に限らず、イエスのたとえ話すべてが、四福音書の中のどこに置かれたかによって、そのニュアンスや主張が微妙に変化することと、類比できるように思います。

ただ、どのような文脈の中であっても、その度に顔を出すということは、この《たとえ》がやはり、井上神父がアッバ神学を語る上で、最重要な素材となっているということを示唆しているのではないでしょうか。

そして『新約聖書のイエス像』の最終章「第十一章　イエスの受難・死・復活」では、次のように述べています。

〈弟子たちはイエスの死後はじめて、悲愛を律法よりも大切にすることによって人々からも受け入れられず、若くしてむなしく孤独の中に死んでいった、色あせた師イエスの挫折の生涯こそが、神の目から見たとき、ほんとうに価値ある生涯だったのであり、十字架の上で師イエスが流された血こそは、受け入れえないものを受け入れんとして、すなわち、裏切った弟子たちに象徴されているような、つねにエゴイズムの流れに流されて神から遠ざかっていくあらゆる時代の人々を受け入れようとして自ら傷ついて流された悲愛《アガペー》の血であることを、しだいに理解していったのだと思われる。〉(二一四頁)

終章の末尾ちかく、イエスの「復活」について何が言えるか、という問いに対して答えた一文です。ここに記された「受け入れる」ということ、「十字架」において「傷つく」ということ、そしてそこに「流される血」の意味等々を深く味わうとき、この一文が《たとえ》をめぐってこれまで見てきた諸著作を総括する言葉となっていることに気がつくのです。

第八章　『人はなぜ生きるか』における《たとえ》（一）

一　勘ちがい⁉

一九八五年に講談社から出版されたこの本は、一九七七年から八四年にかけてさまざまな場所で行われた話を一冊にした、井上神父にとってはじめての講演集です。

その「あとがき」では、まとめるにあたって、それぞれの講演原稿に大幅な「加筆、訂正、抹消」あるいは順序の入れ替えなどがあった、と断っています。もちろん、出版にあたってそうした調整をすることは当然かと思いますが、本稿を書くために末尾に付された講演一覧をみて、わたしは「おやっ？」と思いました。というのは、この講演集のなかに二本、講演ではない原稿が入っていることに気がついたからです。すなわち、九本のうち五番目の「私にとっての祈り」と六番目「私にとっての聖書」です。しかも後者は、「未発表」となっています。そしてまさに、この本を頭から読んでいったとき最初に件の《たとえ》が出てくるのが、この「未発表」のエッセイにおいてなのです。

先日(神父存命中)たまたまチャンスがあり、なぜこの講演集に未発表原稿が入ったのか、を神父自身の口から直接聞くことができました。

〈その一文が書き下ろしなのは、「ファリサイ派の人と徴税人」の話を、あの本に入れたかったからだろう。〉

出版当時を思い起こしながら、神父はこのように即答したのでした。このところ――二〇〇九年以来、《たとえ》にこだわって書いてきたわたしは、この簡潔な返答に感動せずにいられませんでした。〝やはり神父の心には、いつも――リヨンでの回心以降、あの「徴税人」の祈り、姿勢が息づいているのだ!〟と確認できたからです。

井上神父とのこのやりとりのとき、もう一点、確認できたことを報告しておきたいと思います。それは、今稿を書くために、私が持っている『人はなぜ生きるか』をめくっていたとき、自分が書いた短いメモ――おそらく発刊間もない時期の――を見つけたことに端を発します。ちょうど《たとえ》が引用されているページ（一三五頁）の上余白に書いたものです。

〈ルカ一五と一八章がイエスの眼目（井上TEL）〉

走り書きの、自分のこのメモを目にしたとき、わたしは思わず「あっ！」と息を飲んだのです。なぜなら、この《たとえ》について本稿第三部（本書）でくわしく見ていこうとしたとき、わたしは次のように書いていたからです。

〈……昔わたしは直接、井上神父から〝あえていえば『ルカ』の一〇章と一八章に、キリスト教が要約されていると思っている〟と聞いたことがあります。ちょうど受洗前後で……。〉（序章）

「しまった」と思いました。イエスの教えの眼目として神父から直接指摘されたのは、『ルカによる福音書』の〈「見失った羊」のたとえ〉をはじめとする一五章と《「ファリサイ派の人と徴税人」のたとえ》を含む一八章であって、〈善いサマリア人〉で有名な一〇章ではなかったのか？　何という勘ちがい！

第一「受洗前後」といっても、この本が出たのは一九八五年の暮れですから、わたしが受洗してから四年余りが経過しています。これは読者に謝るしかない、そう思いました。しかし念のため、先の未発表原稿収録の件を問い合わせるついでに、このことを井上神父に改めて確認したのでした。

すると神父は、これについても躊躇なく、即答してくれました。

〝……『ルカ』の一八と一〇か一五（章）かは、いろいろな場面で使い分けてきたと思う。この三つはどれもキリスト教に大事な箇所だが、主題が違うので、そのうちのどれか二つを言うこともあっただろうし、三つとも言っていることだってあるだろう。一〇章は人への愛、一五章は神の愛、一八章は人を裁かず、アッバに頭を下げること……。〟

このように言ってくれたのです。思えばわたしがあのメモを書いたであろう時期——一九八五、六年——は、個人史的には第二の転機となった時です。そのため、今振り返るとどこかに気負いや焦りがあり、求道心が空回りしていたように思います。祈る気持ちで俳句をつくり出したのもこの頃です。

神を呼び神を疎ましく生きている　栄一（「層雲」初出、八六年）

こんな拙い片言に、当時の気持ちがストレートに記録されています。

このような状況にあったわたしに、あのときは「メモ」にあるように、井上神父が『ルカによる福音書』の「二〇章と一八章」ではなく、「一五章と一八章」を要として示してくれたのだと思います。すなわち、焦って人への愛に走り出ようとするより、まず頭を下げて、神の愛を感じとれ、そのように言いたかったのではないか。今更ながらわたしは、そのときの神父の細やかな心遣いに感謝せずにおれません。

二　Tさんへの手紙

「神を呼び」ながら「神を疎ましく」思うジレンマ――

昨年末に書棚を整理していたら、昔書いたいろいろなものが出てきました。そのなかに、これも偶然ですが右の時期、すなわち一九八五年に書いた手紙のコピーや手帳が見つかりました。次に転載するのは、あるプロテスタントの友人、Tさんにあてた手紙の一節です。まったくプライベートなもので、どうかとは思ったのですが、この時期のわたしの、あの「ジレンマ」に関係すると思われる部分もあるので、抜粋しながら振り返ってみたいと思います。

〈……ほとんどの労働者が、毎日のストレスの中で戦っているのです。先日の旧約の話ではありませんが、イスラエルの戦いの歴史と二重写しにして、ふと考えるときがあります。例えばこのごろ、カトリックの「教会の祈り」というのを妻子と唱えているのですが、この祈りの大半は詩編です。また、ミサの中の歌も多くは「答唱詩編」とよんでいるものです。この詩編の中では、義人と悪人という考え方がよく出てきます。このように人を二種類に分けてしまう考え方には、信仰を持った当初はついていけない気がしたのですが、よく考えてみればこの善悪の二分法的とらえかたは、実は一人の人間の中に内在する矛盾した二つの傾向ではないかと思うようになりました。例えば、仕事をする時の二つの心持ちの葛藤——一方で誠実にやろうとしながら、他方で煩雑さや単純さ、人間関係の煩わしさに負けてしまいそうな自分——を詩編の中に見出だすのです。この「あれか、これか」の問題は、前にも触れたことがあったかと思いますが、キリスト教を持ち出すまでもなく、まさにすべての人が日常的に出会わなければならない事柄だと思います。……〉(一九八五年十二月十一日)

こうした部分を今、第三者的に振り返ってみると、受洗後四年余り、聖書の「善悪二分法的」な言葉につまずきながら、不甲斐ない現実の吾が身の置き所を求めて右往左往している、そんな焦りが伺われます。

しかしこういうことは、わたし個人の資質の問題でしかないのだろうか?　そこには個人をこえた、日本人と聖書あるいはキリスト教という問題が関係しているのではないか、今はそんなふうにも思うのです。

三　日本人に受け入れがたいこと

心理学者の河合隼雄は、隠れキリシタンが宣教師から聞いた聖書の話を、日本的に変容しつつ伝えたとされる『天地始之事《てんちはじまりのこと》』を読み解きながら、「日本人に受けいれ難いこと」(『物語と人間の科学』岩波書店、一九九三年）として、次のようなことを指摘しています。

①『天地始之事』では原罪の考えがなくなってしまう。それは、日本人にとって原罪ということがいかに受けいれ難いものかを示している（一一三頁）。

②ジュスヘル（サタン）も徹底した「悪」にならない。つまり、隠れキリシタンにとっては、絶対的な「原罪」や「悪」というのは考えにくかった。(一一四頁)

そして、これらの点について次のように述べています。

〈このように罪が許されるということは、隠れキリシタンの人々はどうしても絵踏みという罪を犯さざるを得ず、そのような罪も許されるのだという考えに立たないと生きてゆくことができませんので、原罪という考えはあまりに荷が重く、そのために、ここのところで話が許される方向に変化したのだという人もあります。確かにそのとおりと思えますが、私はそれ以上に「原罪」がなくなったことは、日本人の心性の非常に深いところと結びついているように思うのです。〉(同)

この「日本人の心性」がどのようなものか、河合は神話がその民族の精神的「基礎づけ」であることを前提に、様々に検討していますが、わたしが最も興味深く思うのは、次のような指摘です。

〈……私は日本の「中空構造」ということを言ってきました。真ん中にアメノミナカヌシという、名前はあるけれども何もしない神様がいて、そしてあたりに他の神様がいる。……だから日本の神話というのは、中空状態で神様がいっぱいあちこちにいて、バランスをとっている。こういう構造は、キリスト教の場合に唯一の神、大文字のゴッドがいて、その神がすべてをつくり給うたと考える、旧約にあるような神話とはものすごい対照をなしている。なぜかというと、日本は真ん中が空いているわけですから。〉(一二三頁)

『日本書紀』などの日本神話と『創世記』の創造神話を対比しながら、このように言っています。そしてその結果として、日本人の倫理的心性について、次のように一応の結論を得ています。

〈だから何が正しいとか、何をすべきであるとか、何がどうだという原理があるのではなくて、全体のバランスがよかったらよろしいというふうになっているわけです。〉(同)

唯一絶対の神が中心にいて、そこから「何が正しいとか、何をすべきであるとか、何がどうだという原理」が出てくる。それは、ユダヤ教的な、あるいは西欧的な、物事の白黒——善悪をはっきりさせようとする原理に対応するものと思われます。日本の場合は、それとは正反対であるかのように、「何もしない神様」を中心にして、物事の善悪よりも「全体のバランス」を重視する。そのような心性が、日本人の発想の根底にあるということです。

右に語られた所だけでは、「旧約」と律法主義を脱した「キリスト教」とが混同されてしまうきらいがありますが、それはさておいて、先のわたしの経験——(旧約)聖書の「善悪二分法的」発想へのつまずき——違和感が、個人の資質をこえて、わたしの血の中に流れている日本的なるものに大いに関係するのではないか、そう思うようになったのでした。

四　善悪二分法へのつまずき

ここまで、『ルカによる福音書』の一〇章、一五章、一八章をめぐって、わたしの「勘ちがい」から端を発した、井上神父とのやりとりと「Tさんへの手紙」を紹介しました。

そこで述べたような、わたしの「つまずき」――聖書（とくに旧約聖書）の「善悪二分法」的な物言いは、「旧約」詩文の特徴である、いわゆる「反義的並行法」への違和感なども大いに関係していると思われます。すなわち、

〈神に従う人の道を主は知っていてくださる。
神に逆らう者の道は滅びに至る。〉（『詩編』一編六節）

などのように、相反する意味の言葉をコントラストを持たせて並列する方法です。このような文学技法は世界中の詩文にみられるものですが、とくに「旧約」

のなかでは善悪のコントラストは激しいように思います。

あるいはイエスの言葉伝承にも見られる、ユダヤ文学特有の誇張法への戸惑い、そして何より、福音書――イエスの言葉として伝えられる、後期ユダヤ教からの黙示思想の影響も、母性的なアッバのありがたみを半減させてしまうように思われました。

わたしは努めて、井上神父がよく取り上げるイエスの言葉、たとえば、〈父は悪人にも善人にも太陽を昇らせ、正しい者にも正しくない者にも雨を降らせてくださる（方なのだ）〉（『マタイによる福音書』五章四五節）などに目を向けるようにしていたと思います。

右の言葉は、井上神父が度々アッバのやさしさに言及するとき引用していますが、やはりこうした聖句を好む感覚も、前述の河合氏が指摘したように、物事の善悪を峻別する（される）こと＝善悪二分法的発想を嫌う、日本人的資質が関係しているのではないかと、今は思います。（いわずもがな、どちらの発想が優れているということではありません。このような日本人気質が関係しているであろう「あいまいさ」が、政治や国際交流の場面でしばしば問題になるのは、よく見かけるところです。）

またこうした感覚は、これも井上神学からのヒントですが、欧米的合理主義と東洋的体験主義、すなわち「～について」知ることと、「～を」知ることとの対比とも関連してくるのではないか、とも考えられるのです。それはこういうことです。神の基準に照らして、善―悪どちらかに人が分類、裁かれるとします。そのとき、その判決を冷静に受け入れられる精神というのはどういうものでしょうか。それは自分が分類される対象としてでなく、外にある者として――合理的な目で、裁かれる者を対象化、客観視しているということではないでしょうか。それは裁き「について知る」精神であって、裁き「を知る」精神ではない。もし、自分自身が神の判決の渦中に置かれている者と体験的に想像するなら、とても耐えられるものではないのではないか、と思うのです。

さらにその根底では、山折哲雄氏等が指摘するような日本人の「祟り信仰」が関係しているのかもしれません。

五　「アッバのあたたかさ」をこそ

実は前述した、井上神父とのやりとりの翌日、今度は神父の方から電話があり、「きのうの話でちょっと思い出したことがある」と言って、次のような補足をしてくれました。

〝コンツェルマンは、その著『時の中心』で『ルカ』に関し、当時画期的といわれた「救済史観」を提唱した。それは『マルコ』や『ヨハネ』にはない眼目だった。しかし私（井上）は、そういう流れではなく、アッバのあたたかさを表現している話として、『ルカ』のたとえ（一〇、一五、一八章）を紹介してきた〟と。

H・コンツェルマン（一九一五〜八九年）はドイツのプロテスタント神学者です。史的イエス研究、原始キリスト教史研究において、一九二〇年代のR・ブルトマンらの様式史研究を発展させ、編集史研究へと道を開いた第一人者です。

コンツェルマンは『時の中心』(初版一九五四年、邦訳一九六五年＝田川建三)において、ルカ文書＝『ルカによる福音書』と『使徒言行録』を詳細に検討しました。その結果、ルカ思想の根本には、「旧約」から「新約」への流れを、

(1)イスラエルの時

(2)イエスの活動の時

(3) 教会の時

と三区分し、そこに直線的な発展を見る、ルカ特有の「救済史観」があると説いたのでした。

しかし神父が、わざわざわたしに「そういう流れではなく……」とことわったのは、「旧約」から「新約」へと直線的連続性を主張するルカの「救済史観」に対する留保が言外にあるものと思われます。それは、イエスの福音が旧約思想の否定・超克のうえに成り立つ――「旧約」「新約」の連続性より断絶性に注目する井上神学の主張があるからでしょう。

井上神父の、ここでの『ルカ』びいきは、そうしたルカの救済史観ではなく、聖書テキスト――各ペリコーペに端的に表現されている「アッバのあたたかさ」

への賛意によるのだ、ということ。その如実な例が『ルカによる福音書』のこの三つの章なのだというのです。それはイエスの先の言葉――アッバは「善人にも悪人にも太陽を昇らせ、雨を降らせてくださる」方なのだ、という主張にも通じるものです。

六　悩みの歳月

〈私が今のところ心からアーメンと言える信仰は、ただキリストのあわれみにすがる信仰です。あの長血を患う女の話や「ダビデの子イエスさま、わたしたちをあわれんでください」と叫び続けた二人の盲人の話、ベトザタの池の病人の話、そして『マルコ』一章の病者の話などが、結局いつも帰って行く福音の箇所です。〉（Tさんへの手紙、一九八五年十二月十一日、続）

井上神父が「風の家」を設立するのは、この手紙の半年後なのですが、先にも触れたとおり、このころわたしは家庭の事情や転職問題が重なり、忙しない日々のなかで、自らの求道に焦りを感じていました。この手紙をいま読み返してみると、開き直りともとれる、卑小卑屈な自分を見るようで恥しいのですが、四半世紀も前のこととして突き放して見れば、「神を呼び神を疎ましく」感じていた、当時の気持ちが垣間見えるようにも思います。

それにしても当時、直接、個人的に井上神父に度々会って話し、著作も読んでいたわけですが、にもかかわらず、愚かなわたしは、なかなか信仰の本質がつかめなかった——アッバにおまかせすることができなかったのでした。

この手紙にいう「キリストのあわれみにすがる」ということと、「アッバにおまかせする」ということは同じようでいて微妙に違うように思います。少なくともこの時点では、後者の「おまかせ」より、前者の「すがる」は自力が勝っています。

このように当時わたしは、恩師を目の前にしながらも、受洗以来けっして一直線ではない、右往左往の求道を続けていたのでした。

「風」第八六号からは「リジューのテレーズをめぐって」(初出「風」第七～九号、一九八七～八八年。『風のなかの想い』所収）という井上神父の文章が再掲されています。わたしも懐かしく読み返していて、次のような箇所に改めて目が留まりました。

〈テレーズの説いた道によってキリスト教徒になった私も、初めて『旧約聖書』をじっくり読んでみたとき、その恐ろしさにまったく仰天したものであった。……

私にも、旧約の神ヤーウェと、イエスの説く神アッバとの大きな違いがわかるのにはかなりの悩みの歳月が必要だったのである。〉（第八七号、九頁）

このような井上神父の困難とは比べものにはならないものの、わたし自身も旧約聖書からの、ときに新約聖書の記述にも残る「怒りと罰の神」に違和感を感じていたのでした。神父同様、わたしにも相応な「悩みの歳月が必要だった」のだと思います。

七　愛、奉仕、平和

〈……ピューリタニズムですが、これは私の中でも大きな問題として、受洗以来考えつづけてきたものです。私見ですが、この種の問題は、日本人へ福音を述べ伝えるときの最も大きなネックになっていると考えます。

実は、先日井上師とお会いしたとき私が持っていった問題もこれと無関係ではありません。それは、ミサや教会の祈りの中にある「共同祈願」がしっくりしない、という……例えばこんなのがあります。「主よ、世界の国々があなたからいただいた富を公平に分かち合い、神の似姿につくられたすべての人が、自由と平和のうちに生きることができますように。」

そのほか「愛」とか「奉仕」とかがやたらとでてくるのです。なるほどこれら一つひとつの祈りの内容は全く正しいし、もっともなのですが、私の中ではどこか心にもない、という感覚が付きまとうのです。正直、私は、白々しい、恥ずかしい、という感覚から抜けられないのです。あえていえば、私のイメージする「寅さん」には無理な祈りなのです。実感の伴わないことを無理して祈るところに虚しさを感じます。……聖書の字句に合わせた生き方をしなければならないとどこかで思っている自分が、日本人の大部分をキリスト教から締め出しているように思います。もちろん、頭の中ではそれが本当の信仰でないことはわかっています。……しかし、どんなにうまい理屈を自分にあてはめたところで、感覚上の問題はなくなりませんでした。

だから私にとってピューリタニズム――本来の意味と違うかもしれませんが――の問題はとても幅広く、大袈裟にいえば信仰の在り方そのものにかかわることなのです。〉(Tさんへの手紙、一九八五年十二月末)

ミサで使われる「共同祈願」については、ここ四半世紀の間にずいぶん変化してきましたし、わたしも今では別の考えを持つようになってきました。が、先の詩編の例も含めて、(日本語の)聖書を読んだり典礼に参加したときの感覚と、井上神学に接したときの感覚とのギャップに戸惑っていたのも事実でした。

定例の「南無アッバの集い・講座」で最近、井上神父と佐古純一郎氏との対談集『パウロを語る』(朝文社、一九九一年)を、皆で読み直す機会があったのですが、その「第五章　日本人には日本人のごとく……」には、神父の次のような言葉が残されています。長くなるので飛び飛びになりますが、抜粋します。

〈……不敬事件のときに、……内村(鑑三)に対する井上哲次郎などの非難の中には、そういう国を愛するとか、家族を愛するとか、特定の人をほかの人よりも愛することは間違いだとキリスト教は言っていると。……そういう気持ちをもたなければおかしいという感じを、少なくともキリスト教が与えているんじゃないでしょうか。与えていると思うんです。〉(二三二～二三三頁)

狭い家族愛などを超えて、普遍的な人類愛とでもいうべきものを、キリスト教は強調しているように思われている、ということ。

〈……そういう意味の人情的と言えるのか何というのか、そういう面を否定してくるようなところが、どうなんですか、ヨーロッパのキリスト教にはやっぱりあるのでしょうか。……近代のヨーロッパですね。〉(二三七頁)

「寅さん」をイメージするような「人情的」な要素とヨーロッパ・キリスト教の乖離ということ。これは、本稿第二部で述べた「浪花節的キリスト教」(『すべて』第四章)とも関連してくると思います。

このあと井上神父は、わたしがTさんへの手紙で書いた「共同祈願」の「世界平和」に関連すると思われる意見も述べています。

〈私は、実際に置かれた「場」において、アガペーというものは、非常に日常的な些細なものというのでしょうか、……天下国家などにはどうもちょっと不信感というのかな。悲愛というのは何かその気持ちを写し取る。その写し取るのに、世界平和とか、そういう――例えば具体的に一人の難民と出会って、あるいはアフリカに行ってある人と出会って、それを非常に痛く感じるというのはすごくよくわかりますけれども、大きなものを対象としている――うまく言えないですけれども――そういうのは、ちょっとどうも、という感じがするんです。〉(二四〇～二四一頁)

大上段に「天下国家」「世界平和」を論じるのではなく、「悲愛とは些細な日常で出会う相手の気持ちを写し取る」ということ。わたしが「共同祈願」のなかによく出てくる「愛」や「奉仕」になぜ違和感を持ったのか、この辺りに、井上神父の「不信感」と共通する感覚があったのではないかとも思うのです。

八　気負いと無心

いずれにしろ当時のわたしは、まだ「アッバ神学」としての井上神学を十分理解してはいなかったのだと思います。その弱さからでしょう、ひとたび井上神父から離れて、キリスト者として生活しようとするとき、自分勝手なクリスチャンイメージ――わたしの場合は、清廉潔白というより、「信仰と希望と愛」そして奉仕精神に富んでいる、いわゆる〝善いキリスト者〟になれない自分に対する自己嫌悪、あるいはそのイメージから脱皮できない自分に焦りを感じていたのだと思います。

先の手紙に書いた「聖書の字句に合わせた生き方……」というのは、翻訳や日本に入って来た西欧型キリスト教の問題もあるでしょうが、「旧約」に限らず「新約」についても、手引きなしに日本人が聖書を読もうとするときの難しさや危険を、今も感じずにはいられません。右に「自分勝手」と書きましたが、あのころ素手で新約聖書を読んだとき、わたしが持ったイエスのイメージは、確かに魅力的な人物ではあるけれども、旧約律法の代わりに愛の掟を押し付けてくる、優しさよりも気難しさや厳しさを強く感じさせる方、というものでした。

Tさん宛ての手紙の続きでは、

〈神と人とを愛することは、確かにキリスト教の本質でしょうが、日本人に対するその説き方は相応の注意を必要とすると思うのです。〉

として、わたしは当時、おそらく読んだ直後であったろう『人はなぜ生きるか』から、井上神父の言葉を引用して、次のように書いています。

〈「私は無我とか無心とかいわれている、そういう心の状態からおのずからに溢れでてくるものが、イエスの弟子たちが「悲愛《アガペー》」と呼んだイエスの姿勢と深く関わり合うものであるという気がしています。キリスト者ですと、誰でも〝汝の隣人を愛せよ〟というイエスの言葉を知っています。そこで、よしそうだ、私はキリスト者なんだ、だから隣人を愛さなくてはいけないんだ、というわけで後ろ鉢巻で頑張ろうとします。その結果〝愛せよ〟という言葉が掟のような感じで受けとられることになります。もちろんイエス自身隣人愛を最大の掟といっているわけですし、全ての掟の完備だとも言っているわけなので、その意味では掟は掟なのですが、しかし他の掟のように、ちょっと言い方が変かもしれませんが、努力と頑張りで積極的に前にでていって遂行すればよい、というものとはだいぶちがうと思うのです。」（六二頁）

　井上師は、無我とか無心といったことがイエスの言わんとした、あるいは生涯をとおして示さんとした愛の姿勢と繋がるものと考えておられるようです。先の共同祈願がしっくりこないという私の問題も実は、無意識に「後ろ鉢巻で頑張ろう」とする、無理をした愛の姿勢に原因があったのではないかと気がつきました。

　このことに関して、こんな話を聞いたことがあります。ある教派の信者は、文字通り聖句に忠実に生きようとして、ついに自殺にまで追い込まれてしまった、というのです。その遺書のようなものが遺族の手で、そうしたキリスト教のあり方を批判する意味で出版されているようですが、このような事実は日本人キリスト者にとって、簡単に見過ごせないことだと思うのです。……キリスト者ということの気負い……この気負いがなんと蔓延っていることでしょう。その気負いのイメージがそのまま日本のキリスト教のイメージとして、一般化しているのではないでしょうか。……

欧米から入ってきたキリスト教に対する違和感は、私にとっては以上のような倫理・道徳的な堅さ、気負い、努力主義として感じられます。日本のキリスト者自身、「私はどうも信仰がうすいもので……」などと言うときには、自分の不道徳的な態度を念頭においているように思われてなりません。わたしがあちこち見てきた日本の教会では、「信仰と道徳は別だ」と一応言いますが、信者のなかでもどこかでこれらが結びついているし、非キリスト者も同じように見ています。この意味でも、「山上の垂訓やパウロの書簡は、situationを忘れて一般化・普遍化して読むと危険」（井上師）でしょう。……〉（Tさんへの手紙、一九八五年十二月末、続）

こうして当時のわたしは、たとえば〝救いは行いではなく信仰による〟というパウロの教えについても、けっきょくパウロは「律法」の行いに代えて「愛」という、別の行いを要求しているのではないか、と受け取ったのでした。そしてそれは、律法を守ることよりずっと難しいことのように思われました。

井上神父が〈金持ちの議員〉（『ルカによる福音書』一八章一八～二七節）について、パウロの言葉を引きながら解説している、次のような件は、なかなかわたしの目には入らなかったのだと思います。

〈パウロがコリント人への第一の手紙でいっているように、〝自分の全財産を人に施しても、また、自分のからだを焼かれるために渡しても、そんなことはちりほどの値うちもない〟（コリント第一書一三章三節）、アガペー悲愛がなければ、イエス自身いちばんよく知っていたはずです。悲愛を育てるべき土壌としての謙虚さを、せめて金によってとらわれている己れの醜い姿を自覚させたいとイエスは思ったのでした。〉（『日本とイエスの顔』二一二頁）

形だけの「愛の行い」をしても「悲愛がなければ、ちりほどの値うちもない」そして、その「悲愛」は「謙虚さ」によって培われる、というのです。

神父はこのあと、『フィリピの信徒への手紙』の「キリスト賛歌」（二章六～九節）を引用しながら、イエスの謙虚さ――ケノーシス（自己無化）――「なれかし一筋になりきっていたイエスの心」へと論を展開しています（『すべて』一七二頁以下参照）。しかし、一九八五、六年当時のわたしには、「無我・無心からおのずからに溢れでてくる悲愛《アガペー》」という所まで、思いを深めることはできませんでした。

くだくだと私事を連ねてしまいましたが、以上のような心の葛藤が、

神を呼び神を疎ましく生きている

という、短い一句にこめられていたのだと思います。

九　「旧約」―「新約」間の断絶性

本題、『人はなぜ生きるか』に戻ります。

すでに指摘したように、件の《たとえ》が引用されたエッセイ「私にとっての聖書」は、「未発表」＝書き下ろしであり、それは井上神父の心にリヨンでの回心以来、「徴税人の祈り」が息づいていることの証左となるものでした。それで、このエッセイを辿りながら、神父の主張する所を読み取っていきたいと思います。

＜旧約聖書と新約聖書の違い＞

井上神父はまず、若い頃「無味乾燥な文章の羅列」と感じていた聖書が、どうして「魅力的な書」（新約聖書）になったのか、を述べることから始めます。

このなかで神父は、旧約聖書と新約聖書の構成を説明しながら、

〈……砂漠の宗教である旧約聖書の神の姿を信じて従いなさいといわれても、到底私にはついていけない〉

〈……旧約聖書と新約聖書とのちがいを明白に打ちだすことが大切だと思っています。そしてそれが、日本の人たちにキリスト教を誤解なしに理解していただくために極めて大切なことだと思っています。〉(一二〇～一二一頁)

と述べています。

のちに井上神父は、「旧約」神観の否定・超克の上にイエスの教えがある(『わが師イエスの生涯』三三頁他)ことを、明言していきますが、その前提として、旧・新約聖書に表れた神観の違いを「明白」にすべきだということ。ここに早くも、旧・新約聖書の連続性より断絶性を強調する井上神学の特徴が見てとれます。それはまた同時に、日本人のキリスト教理解、ひいては伝道に「極めて大切」であるというのです。

この点についてはすでに、「旧約」―「新約」間を連続・発展とみるルカの「救済史観」を留保する井上神父の考えに触れましたが、まさに「極めて大切」なことなので、ここで補足・確認しておきたいと思います。
この書き下ろしエッセイ「私にとっての聖書」（一九八五年）から五年後の一九九〇年に、井上神父自ら「思想と生活の原点」と明言する、処女作『日本とイエスの顔』（初版一九七六年）の再々版が、日本キリスト教団出版局から出版されます。その「あとがき」では、初版からの十四年間を振り返り、
〈もちろん現在でもなお私は「日本におけるイエスの顔」を求め続けている一介の求道者にすぎない……しかし私としては、日本人キリスト者としてこの信仰以外には生きられないというぎりぎりの線を生きているつもりであるし、この際、今までの思索に対してなされてきた幾つかの批判に対してここで答えておきたい〉（二四七頁）
として、神父は三つの点について回答しています。すなわち、『新約聖書』を実践指導書としてとらえたことに対する批判、神を「無」としてとらえることへの疑問、そして最後が、いま話題にしている、
〈「イエスのとらえた神理解」に対する私の考え方であり、そこから生じてくる「旧約」と「新約」の関係の問題〉（二四九頁）

です。そしてこの最後のものについて神父は、「やはり私が提出している問題の最大のもの」と自ら述べています。

一〇　テレジアからテレジアへ

この「最大の問題」に対する回答の中で、井上神父はまず、本章六「悩みの歳月」でも取り上げたエッセイ「リジューのテレーズをめぐって」を書いたとき（一九八七〜八八年）はじめて、自分がテレーズに惹かれた理由がわかったといいます。それは、井上青年が空しい青春時代に必死に求めていたものが、

〈母性原理の強い神の、慈しみ深く暖かな悲愛の御手〉（二五〇頁）

であり、比較的父性原理の強い西欧キリスト教のなかにあって、

〈まさにテレーズは、その全生涯で母性原理の強い神の憐れみを讃えあげた、極めて稀な人物だった〉（同）

からということです。

それ以来神父は様々な学びの中で、青春時代の自分だけでなく、

〈母性原理の強い神こそは、まさに共通に日本の人々が求めているものであることを段々と確信するに至った〉(同)

のでした。

この日本人の、母性神要求に対して、日本に直輸入された「比較的父性原理の強い」西欧型キリスト教(会)は、十分に応えることができなかったばかりか、〈ユダヤ教とキリスト教を区別なく十把ひとからげにとらえ、ユダヤ教が砂漠の宗教だからキリスト教も砂漠の宗教だ〉(二五二頁)などという印象を与えてしまった所に、大きな問題があったのです。

本稿では明治以降の道徳主義的なキリスト教の問題について縷々触れてきましたが(『心の琴線』第四章他)、仏教学者・山折哲雄氏はこの点について、おおむね次のように述べています。

〝明治政府という世俗的権力は、キリスト教という宗教的権力の支配下に置かれかねないことを警戒し、その侵入を防ごうとした。それゆえ、キリスト教を「宗教として」「そのまま」日本の近代社会に浸透させようとした内村鑑三は、「不敬事件」に象徴されるような壁にぶつかることになる〟（「キリスト教の展開」『日本人の宗教とは何か』太陽出版、二〇〇八年）。

また、内村と同じ札幌農学校出でクエーカー派の信仰をもつ新渡戸稲造については、次のように言います。

〈新渡戸はキリスト教の信仰をもっていたにもかかわらず、それを積極的に布教しようとは考えなかった。おそらく、内村が直面した壁を意識してのことだろう。彼が選択したのは、信仰としてのキリスト教をそのまま伝えるかわりに、キリスト教の精神を修養という形に変化させ、それを伝える試みであった。新渡戸がアメリカ留学中に英文で執筆した『武士道』にしても、ベルギーの法学者、ラブレーから、日本の学校では宗教なしにどうやって道徳を教えるのかと問われ、即答できなかったのが執筆のきっかけだった。新渡戸は、侍の道徳規範を武士道という形で示すことで、ラブレーの質問に答えようとしたのである。〉（同書、二八五頁）

こうした内村や新渡戸の例は、アッバの福音の本質とは別のところで、国家政策の「壁」にぶち当たった日本のキリスト教が、しだいにその倫理的側面を強調し、道徳化していった様子を示しています。

そして山折氏は、この項の結論として、次のように述べます。

〈キリスト教は、倫理・道徳として、あるいは・教育・文学として日本の社会に浸透していった。けれども、現実的な勢力としては大きな広がりを見せなかったため、日本の社会に根本的な変化を生むことはなかった。また、社会批判の役割を十分に果たすこともなかった。〉(同書、二八八頁)

右の内村や新渡戸の例、また「ミッションスクール」の道徳重視の教育、あるいは背教・離教していった文学者の例等々、「倫理・道徳」面を強調していった近代日本のキリスト教――それは同時に、神観という点では、父性原理の強い神の強調という結果をも生んだのだと思います。井上神父が指摘する、ユダヤ教とキリスト教を同一視する誤解は、こうした事情も背景となって生まれたものと考えられます。

井上神父の、そして遠藤周作いうところのキリスト教の「仕立て直し」とはまず、日本人に対してこのような誤解を解くことにあった、と言っても過言ではないでしょう。
〈ユダヤ教の神ヤーウェが極めて父性原理の強い神であったのに対し、イエスの説いた神は母性原理の強い神だったのである。〉（『日本とイエスの顔』二五二頁）
イエスは、そのような母性原理の神（アッバ）を説いただけでなく、自らそのように生きたがゆえに十字架に追い詰められたのでした。
『日本とイエスの顔』一九九〇年版のこの「あとがき」から二十年後、二〇一〇年一〇月の、神父が司式した最後の南無アッバミサでも、また翌二〇一一年六月の「風の家」二十五周年講話でも、さらに同年七月の岡田大司教との対談においても井上神父は、
〈私の人生は、リジューの聖テレジアに始まり、聖テレジアに終わる〉
と繰り返し述べています。
テレジアを慕うこの言葉を、イエスにおいて「旧約」の父性的ヤーウェから「新約」の母性的アッバへと、命を賭けた神観の転換がなされたのだという、井上神父の主張のなかで聞くとき、わたしたちはまさにこれこそ、神父の求道的生涯を総括するにふさわしい言葉であると了解するのです。

一一　編集史研究による確信

さらに「あとがき」では、

〈この考えは、本書『日本とイエスの顔』ではまだ明確なかたちをとっていないが、それ以後聖書の編集史研究の書に多く接するにつれて、ますます私の確信となってきている〉(二五四頁)

と付け加えています。

一九五〇年代から、先に触れたH・コンツェルマンら、ブルトマンの弟子と目される人々を中心とした「編集史研究」により、福音書記者の編集意図と伝承とを区別していく方法が検討されるようになります。井上神父はこの研究成果に接することによって、イエスの母性的神観への確信を強くしていったというのです。

〈一九五〇年頃から今度は「編集史研究」が盛んになってきた。編集史研究というのは、その(福音書中の)伝承は生活の座——礼拝、説教、洗礼式など——で教会が伝えて来たかもしれないが、マルコが何の目的で編集したのか。またマタイは何故『マルコによる福音書』を変える必要があったか、ルカはどうして変える必要があったかという研究である。〉(「風」第八七号、一八頁)

福音書に伝えられたイエスに関する様々な伝承は、わたしたちが「伝記」という場合の、いわゆる史的なイエス像ではなく、当時の教会の必要に応じた「生活の座」の中で伝えられてきたものである。このことを明確にしたのがブルトマンを代表とする「様式史研究」です。

さらに、それらの伝承は史的時系列的に福音書として編集されたのではなく、各福音書記者がそれぞれの意図——ここでも個人というよりは所属する共同体の「目的」——を持って現在の形にまとめられたということ。それを明らかにしたのが「編集史研究」です。すなわち福音書記者マルコにはマルコの、マタイにはマタイの編集目的や関心があり、その方針にそって、伝承の取捨選択・構成がなされ、ときには加筆修正や削除など、伝承そのものを「変える必要」もあったということです。大まかに言えば、それぞれの伝承は福音書記者の意図や関心によって、さまざまなバイアス（偏り）がかけられて編集されたわけです。
このバイアス部分をできるかぎり元の形に還元していくことによって、イエス本来の人となりや言動が垣間見えてくる――井上神父が「編集史研究」の成果によって「ますます」強くした「確信」とは、このようにして得られたものと思われます。

『人はなぜ生きるか』の「私にとっての聖書」（一九八五年）に戻って検証すると、このエッセイが書かれたのは、『日本とイエスの顔』の初版（一九七六年）から九年目、さきの「あとがき」（一九九〇年）の五年前です。ということはこの一文は、右に述べたような「確信」が、井上神父のなかで「ますます」強くなっていった時期に書かれたものということになりましょう。

こう考えますと、なぜ神父がこの「書き下ろし」をかの講演集に収録したかったのか、また、なぜ今回わざわざ、わたしにコンツェルマンの名をあげて、ルカの救済史観への留保を示唆したのか、という理由がよりよく理解できるように思います。すなわち、井上神父は《「ファリサイ派の人と徴税人」のたとえ》を紹介しようと、当該未発表エッセイを『人はなぜ生きるか』に収録したわけですが、その背景には、右に述べたような母性的キリスト教への確信が強く働いていたのではないか、と推測できるのです。つまり、かの《たとえ》を母性原理のなかで神父が捉え直していった、ということを意味するのではないでしょうか。

一二　「旧約」「新約」の軽重

＜ユダヤ教のヤーウェ＞

前項で、「旧約」から「新約」へ神観が一八〇度転換したことを強調した井上神父は、この項で詳細に、イスラエル民族のヤーウェ神理解の歴史的変遷を述べますが、その基本的性格——怒りと嫉妬の「顔」は、あまり変わらなかったと言います。そのうえで神父は、「旧約」と「新約」の神観を比較して次のように結んでいます。

〈……「善人にも悪人にも陽をのぼらせ、雨を降らせ」(る)……イエスのとらえた父なる神が、いかに同時に母親的な包みこむ暖かさを持っている神であり、旧約の神ヤーウェとはどんなに対照的な性格をおびているか……。そして歴史の流れを通じて神はそれぞれの顔をお示しになったが、最終的にイエスを通して御自分の真の姿を愛の神として全面的に示されたのだというのがキリスト教の信仰だということ、この点をはっきりさせたかったからに他ならないのです。〉（一二六頁）

ちなみに、右傍線部に該当する聖句、『マタイによる福音書』五章四五節b前半の原文の語順は、

〈……上に　悪人たちの　また　善人たちの　そして……〉

と、「悪人たち」（ポネールース）が「善人たち」より先になっています。うがった見方かもしれませんが、こうした細かい所にも、イエスの「悪人」に対する悲愛のあたたかなまなざしが感じられるように思います。

〈旧約聖書は新約聖書を理解するためにのみユダヤ教から借用〉

以上のようなヤーウェからアッバへの、イエスによる神観の「発展、変容」は、その飛躍の大きさから「爬虫類から鳥類への進化」にたとえられるといいます。そしてそこには一民族宗教から「世界宗教」への「完全な断絶」があったとし、その「当然の結論」として次のように述べます。

〈キリスト教にとっては、旧約聖書は新約聖書を理解するためにのみ、ユダヤ教から借用してきている書物であります。旧約聖書を前篇、新約聖書を後篇というふうに受け取り、両者を同じ重要さで読んでしまえば、キリスト教の理解が混乱してわけがわからなくなってしまうことは当然のことといわなければなりません。〉（一二七頁）

これは、「旧約」―「新約」間に「完全な断絶」を見る井上神父のラディカルな主張であり、わたしたち求道者に聖書の読み方を具体的に示すものです。と同時にこれは、先にみた『日本とイエスの顔』の「あとがき」で想定された「最大の問題」への率直な回答であり、さらに神父が、コンツェルマンの示したルカの「救済史観」――「旧約」―「新約」の流れを直線的に観る――に待ったをかけたこととも合致してくるのです。

当然のごとく聖書は、「旧約」―「新約」の順に編集されています。また通常ミサのなかでは、第一朗読として多く旧約聖書が読まれ、その後、新約聖書――福音書が読まれます。このパターンに慣れていけば、特別に注意されない限り会衆は、「旧約聖書を前篇、新約聖書を後篇というふうに受け取り、両方を同じ重要さで読んでしまう」のがふつうだと思います。こうしたところにも、ユダヤ教とキリスト教を「ごちゃまぜに」してしまう危険があります。

ただ、話が少し戻りますが、井上神父は先の〈旧約聖書と新約聖書の違い〉の項で、

〈キリスト教は、新約聖書の理解のために、この旧約聖書をユダヤ教から拝借しているのだ……借りてきていながら、……多分に自分流によんでいる……キリスト教という信仰の立場からユダヤ教の聖書を読んでしまっているのだという自覚も、ユダヤ教の人たちのまえで素直にキリスト者は認めなければいけない〉（二一〇頁）

と述べていたことにも注意しておきたいと思います。ここには、キリスト教絶対優位の立場に立ってユダヤ教を見下すような姿勢はまったく見られません。すでに、神ならぬ人間が、さまざまな宗教を比較し、その優劣を云々することの問題を検討しましたが（『すべて』一〇〇頁以下）、ここでも、キリスト教の母体となったユダヤ教に対して、謙虚な物言い、姿勢が貫かれています。

その上で、ユダヤ教は本来的に父性原理の強い宗教、キリスト教は母性原理の強い宗教であり、そこに異質性、「断絶」を見るがゆえに、旧約聖書―前篇、新約聖書―後篇という聖書読みの危険を指摘しているのです。

一三　サンドメルとの出会い

このあと井上神父は、パウロの『ガラテヤの信徒への手紙』の、〈あなたがたは皆、信仰により、キリスト・イエスに結ばれて神の子なのです。〉（三章二六節）や『ローマの信徒への手紙』等を引いて、旧約律法をこえたキリスト信仰について述べます。

前述したように、この本を最初に読んだ一九八五、六年頃までのわたしは、井上神学に接しながらも、勝手な、いわば愛の掟化によって正直なところ、「神を疎ましく」思う心情から抜け出られないでいました。わたしが最も頻繁に井上神父と会ったのは、受洗前の一九八〇年の暮れから「風の家」設立の八六年頃だったと思います。

〈私のイエスはやさしいのです。イエスのまなざしはやさしいわけですよ。〉(「シンポジウム　日本カトリシズムの原点と成熟」一九八二年一月十四日、戸田義雄編『日本カトリシズムと文学』二〇一頁)

という神父に、あの頃、何かの勉強会の後だったかと思うのですが、若かったわたしは思い切って質問したことがあります。

「先生(井上神父)のお話を聞いていると、イエスはやさしい、やさしいとおっしゃいますが、実際福音書を読んでみると、これこれじゃなきゃ地獄に行くぞ、みたいな話が多いじゃないですか?」

こうずけずけと質問するわたしに、神父は怪訝そうな顔をして、

「そうかなあ……。『マルコ』とか読むとそんなことはないと思うが……。」

などと答えてくれたのですが、それでも正直わたしの心はすっきりしないままでした。

しかしあれから四半世紀、「風」誌に連載された井上神父のエッセイ「漂流——南無アッバまで(五)」(第八〇号、二〇〇八年)を目にしたとき、実は神父

にとってもあの頃——一九八〇年代前半は、信仰的な一つの転機、「決断」の時だったことを、わたしは知ったのでした。

それは、本書第六章でも引用した右シンポジウム(一九八二年一月)で出会ったユダヤ教学の石川耕一郎氏から送られた、サムエル・サンドメルの『天才パウロ』(The Genius Of Paul)の英語原本コピーを読んだ井上神父が、「目からうろこが落ちる」体験をした、として次のように述べているからです。

〈サンドメルの『天才パウロ』と出会うまでの私は、聖書を勉強すればするほど、どうにもならない袋小路に追いつめられていくというようなあせりのなかにうごめいていた。

確かに当時の私はすでにテレーズの「赤子・童心の求道性」と深いかかわりを持つ「アッバの求道性」にがっちりと捕えられてはいた。それは少しもゆらいではいなかったのだが、しかし同時に、どうもそのアッバの求道性とは全く違っているかのような側面が感じられる師イエスの言葉が、福音書の中にはかなり見出されるように思えたからである。例えば、遊女や徴税人といった、当時の社会では罪人、駄目人間の代表と目されていた人たちをも、悲愛のまなざしで手をひろげてあたたかく迎え入れている師イエスの生き方に対して、それとはどうも似合わない、むしろ嵐と火の中でシナイ山頂に降下する旧約の裁きの神ヤーウェを思わせるような師イエスの言動や言葉が、また福音書の中には見出されるのを認めざるをえなかったからである。〉（一〇〜一一頁）

繰り返しますが、かの「シンポジウム」で神父は、

〈私のイエスはやさしいのです。イエスのまなざしはやさしいわけですよ。〉

と発言しています。しかし右の述懐によれば、『天才パウロ』と出会う（同年二月以降と推定）前の神父は、そうしたやさしいイエスには「似合わない」「旧約の裁きの神ヤーウェを思わせるような師イエスの言動や言葉」に、「どうにもならない袋小路に追いつめられていくというようなあせり」を感じていたというのです。ということは先の発言は、（わずかの時間差ですが）まだそうした「あせり」を感じていた時期になされたものと推察できるのです。

当時神父の心はたしかに、テレジアから教えられた「赤子・童心」——「アッバの求道性」に「がっちり捕えられて」おり、「少しもゆらいではいなかった」ことは事実でしょう。しかし一方で、福音書の中に散見する旧約的父性の神を思

わせるイエスの言葉との葛藤を持ち合わせており、そうしたジレンマのなかで、あの〝やさしいイエス〟発言があったのだ、ということを知ったのです。

受洗後も父性的・道徳的キリスト教観から抜け出られないでいたわたし自身をいま振り返ると、こうした当時の井上神父の心情に改めて親近感を覚えるとともに、わたしの不躾な問いに対する、一見そっけない返答の裏にも、神父の長年にわたる求道的苦悩があったのだ、ということを感じざるをえません。

一四　「確信」までの時間

ここでわたしは、二〇〇六年にNHK教育テレビで放映されたインタビュー「すべては風のなかに」での井上神父の言葉を再び思い出すのです。本稿ですでに紹介したところですが、再掲させていただきます。

〈聞き手　でも、イエス様のそういう姿〔悲愛が一番大事で、必ずしも掟を守ることではない〕というのは、聖書のなかやいろいろなものに書かれている、テレーズもそうですが、わかっておられる部分もあるわけですよね。それが、法然を経ることによって、変化してきたということでしょうか？

井上　いや、変化じゃなくて、それが確信というか、そういう〔悲愛の〕方だったんだと……。福音書というのは、実にいろんな視野から書かれていて、それだけ読んだら矛盾している言葉が、うじゃうじゃあるわけです。だから、テレーズが示したようなイエス様はたしかに書かれていますが、でも、『マタイによる福音書』が示しているイエス様というのは、もっともっと厳しい。そういうことで必ず、山のような反論が来る。しかし、自分がイエス様に従って一生を生きようというのだったら、「こうかもしれないし、ああかもしれない、そうでないかもしれない」では、生きられない。どこかにイエス様に従うんだ、という確信がなければ――論文を書くわけじゃありませんから。自分の生涯を生きるわけですから。それを自分にどう納得させていくか、ということに、やっぱり時間がかかった……。）（『すべて』八七～八八頁）

旧約の恐い神、「『マタイによる福音書』が示す厳しいイエス」ではなく、テレーズが示す悲愛のアッバ、「やさしいイエス」。その「確信」を持つまでには「やはり〔相当な〕時間がかかった」と言っているのです。

この言葉は、一九六六年に発表された、遠藤周作の『沈黙』以後、とくに「聖書を真剣に読み直すようになった」という文脈のなかで語られています。青年時代にテレジアに出会い、一九六〇年代前半に法然との邂逅によって「確信」へと向う悲愛の神アッバ、そして「やさしいイエス」。しかし直後『沈黙』をきっかけに、聖書と実存的に――学者としてでなく、一求道者として、日本人としてもう一度真剣に向き合うようになったとき、その「確信」を、聖書全体を通して「自分にどう納得させていくか」という課題が、より切実なものとなっていきます。「……やっぱり時間がかかった」という感懐は、その苦闘を物語るものだったのです。

先の「風」八〇号のエッセイに戻ると、その困難な時期は、『沈黙』以後十五、六年に及んだことになります。まさにそれだけの「時間がかかった」のです。再びわたしは、あの三十数年前のやり取り――さらっとかわされたような会話の根底にある、神父の苦闘を垣間見る思いがするのでした。

一五　パイロットの不安

前述したように、井上神父にとってテレジアの母性的神観が「確信」となるのは、編集史研究の成果によるところが大きいのですが、〝それにしても〟という意味合いで次のように述べています。

〈確かに、マタイ、マルコ、ルカ、ヨハネ、パウロと、それぞれには明白なイエス観、救済観があると思われるが、どうもそれぞれの間には、到底妥協しえないほどの違いがあると思わざるをえなかったのである。〉（八〇号、一二頁）

神父が『日本とイエスの顔』を一九七六年に書きあげてのち、「編集史研究の書に多く接する」ようになったことは、先に紹介した同書一九九〇年版の「あとがき」にあるとおりです。しかしそうした学びの中でまず最初に感じたことが、新約聖書著者間にある救済観の「到底妥協しえないほどの違い」だったというのです。先の「聖書を勉強すればするほど」「あせり」を感じていた、との発言は、こうした状況を指しているものと思われます。それは、学者や評論家としてではなく、「イエスの弟子」たる求道者として「生きよう」とすれば、なおさらのことであったと推察できます。

〈……どうしても、これがイエスの福音だという統一した視点がとらえられなければどうにもならないわけなのである。〉(同)

「ああかもしれない」「こうともいえる」では一生をかけることはできない――福音の、新約聖書の「統一した視点」を求めて呻吟する当時の井上神父は自らを、次のようにたとえています。

〈当時の私の心境は、ちょうど、上空を飛行しながら、ようやく着地点を見つけ、着地を決断したヘリコプターのパイロットが強い風と濃い霧のために着地点がかすんでしまい、どうにも着地できず、いたずらに燃料を消費しつつ上空をむなしく飛びまわっていなければならないという、そんなパイロットのあせりと不安にも似たものだったような気がするのである。〉(同号、一一二～一一三頁)

テレジアやエレミアスを通して教えられた「アッバの求道性」に対する確信は

揺らぐことはなかったものの、今一歩の所で「着地」できない「あせりと不安」を、〈ともかく風や霧を一時的にはとりはらって、着地へと私（井上神父）の行動をかりたてるきっかけとなったのが、サンドメルの『天才パウロ』という著作だったというわけである。〉（同）

一六　パウロ主義の影響

サムエル・サンドメル（一九一一～一九七九年）はアメリカ生まれのユダヤ教ラビで、聖書とヘレニズム文学を講じ、とくに一世紀のユダヤ教と新約聖書の関係に関心をもっていました。ユダヤ系アメリカ人として、キリスト教を理解しようという趣旨で、たくさんの書物を書いています。先の石川耕一郎氏が井上神父にサンドメルを紹介したのも、

〈キリスト教からみたパウロではなく、ユダヤ教側からみたパウロというのも、新しい視点で面白いのではないでしょうか。〉(同号、一〇頁)

という趣旨だったといいます。ただ残念ながら、邦訳されているものは今のところ『ユダヤ人から見た新約聖書』(初版一九五六年、邦訳ミルトス、一九九六年)だけのようです。

このなかでサンドメルは、パウロがラビ的正統ユダヤ教でもなく、現代の改革ユダヤ教とも相容れない立場から出発している、として次のように述べています。〈パウロについての私見は、The Genius Of Paul : A Study in History（天才パウロ）を参照されたい。私見では、パウロはギリシア系ユダヤ人で、彼の時代のパレスチナのユダヤ人とは思想も感じ方も大きく異なっていると見ているので、新約聖書の説明をパレスチナのユダヤ教にのみ求める人には不本意に思われるかもしれない。〉（二九頁）

これに関連して、パウロがヘレニズム・ユダヤ教出身であることを強調し、そこからパウロ主義の特徴を導き出そうとするのは、〈ユダヤ人としての著者に伝統的な反パウロの意識が残っていて、パウロの思想をユダヤ教の流れから別のものと見てしまうためなのだろうか〉（三七七頁）と「訳者」は述べています。しかし、パウロに関しては著者自ら「少数派」であることを認めつつも、様式史研究ほか当時の新約聖書学の成果を踏まえた、説得力ある所見を新約聖書全般にわたって述べているように、わたしには思われます。

『天才パウロ』は右書とほぼ同じ時期、一九五八年に出ており、序文で著者は、とくにその五、六章に注目するよう促しています。

〈もし、イエスの時代以後にイエスに関する教会の姿勢が各福音書に認められるとするなら、その時パウロ主義とその影響もまたそれらのうちに見出されるだろうし――彼の手紙が福音書より先に書かれたという合理的な論拠においてパウロのメッセージが最も早く書かれた福音書の成立前に流布していたということにもなろう。〉（『The Genius of Paul』復刻版、Nabu Public Domain Reprints V、一二八頁、平田訳）

つまりサンドメルの主張は、福音書を含めた新約聖書全般にわたってディアスポラ・ユダヤ人であるパウロの影響――いわゆる「パウロ主義」を肯定するか、否定するかは別として――が大きいということにあるのです。

井上神父はヘレニストとヘブライストとの対立がイエス理解に由来するという荒井献氏の論に助けられながら、サンドメルによって先の「着地できないパイロットの焦り」を克服できたことを、次のように述べています。

〈そこで私は、『新約聖書』を構成している書物を、すべて賛成であれ、懐疑的であれ、ともかくパウロの立場を中心課題として理解していこうとするサンドメルの視座を自分のものとすることによって、初めて、着地できずにとめどない飛行をくり返さざるをえないように追いつめられていたパイロットの焦りと悩みのような心情から脱けでて、地上着陸を決断しえたというわけだったのである。〉（前掲号、一四頁）

先にも、ミサにおける聖書朗読の順番の問題に触れましたが、カトリックでは福音朗読を御言葉の祭儀の頂点と位置付けています。それゆえに福音朗読は聖職者が行うよう指示されているのです。伝承からイエスの言行が記されているのが福音書ですから、キリスト教会（とくにカトリック）が、これを重視するのは当然かもしれません。こうして福音書が主でパウロ文書は従という、ヒエラルキーができていきます。

しかしサンドメルに指摘されるまでもなく、歴史的には、パウロの手紙――少なくともパウロ自身の手になるものと思われる七書簡＝『ローマの信徒への手紙』『コリントの信徒への手紙Ⅰ』『同Ⅱ』『ガラテヤの信徒への手紙』『フィリピの信徒への手紙』『テサロニケの信徒への手紙I』そして『フィレモンへの手紙』の執筆（五一年頃～六三年頃）は、四福音書や『使徒言行録』その他の新約聖書諸文書の成立（七〇年代以降）よりも早いことが、明らかとなっています。とすれば、それらの文書がパウロの書簡――律法から信仰へという内容を主とするパウロ主義の影響を――その賛否は別として相当に受けているにちがいない、これがサンドメルの主張です。

〈パウロの手によらない新約聖書中の文書もほとんどすべて、パウロ主義の影響を受け、常にかあるいは時々、肯定的にも否定的にも、パウロ主義によって形作られている、と私は信じている。〉（前掲書、一五六頁、平田訳）

ポイントは、福音書とパウロ文書、どちらが主でどちらが従か、ということではなく、新約諸書が書かれるときにはすでに、パウロの思想は、今まで考えられていた以上に、原始教会内に流布しており、相当な影響力をもっていたということです。イエスの言行を記したとされる福音書といえども、パウロの思想と無縁に、独自に成立したのではない、「パウロの立場を中心課題として理解していこうとするサンドメルの視座」とはそのようなものと考えられます。

こうして井上神父は、「律法から信仰へ」というパウロの信条を曲解し、ならば「悪行何ら差支えなし」として、不道徳な行為を繰り返す「キリスト誇り」――極端なパウロ主義者にマタイやルカのグループが頭を痛めていたこと、それゆえに「山上の説教」のような厳しい言葉をイエスの口にのせざるを得なかった、ということに思いを馳せるようになったのでした。

イエスの悲愛のまなざしに捉えられながらも、旧約の裁きの神を思わせるイエスの言葉の受け取り方に戸惑っていた井上神父にとって、『天才パウロ』との出会いはまさに「目からうろこ」の読書体験だったのです。

〈サンドメルの著作によって、一見矛盾しているかのようにみえる、マタイ・グループやルカ・グループとパウロとの間の対立を超えることのできた私は、ここではじめて、エレミアスの「アッバなる神」の指摘を完全に自分のものとすることができた。〉（前掲号、一六頁）

「着地の決断」に至り、わだかまりのとけた井上神父は、一九八六年春、「風の家運動」を開始します。カトリック教会からの除名、破門という危惧や不安はあったものの、日本の人たちの心の琴線に触れるイエスの福音を伝えよう、そういう秋空のように澄んだ心境を持ったのでした。

一七　実践的キリスト教

サンドメルの話から「風」第八〇号の井上神父のエッセイを再読するような形になりましたが、アッバへの着地点を見つけ、「風の家」設立の準備をする中で書かれたであろう「私にとっての聖書」（『人はなぜ生きるか』所収）――後半は、いよいよ神父にとって、新約聖書がどういうものかを語っていきます。

〈永遠のいのちを得るために〉

まず神父は、聖書を通してのキリスト理解の大前提として、これまでも本稿で繰り返し述べてきた概念（理性）知と体験知、すなわち「～について知る」ことと「～を知る」ことの違いを、「分娩」や「見合い」を例に出して、説明します（『すべて』五五～五七、八四～八六頁参照）。そしてキリストを、あるいはキリスト教の神を知るためには、概念的知識だけではだめで、いわば「見合いの場まで出かけて行く行為が要求される」として、次のように言います。

〈イエスを、キリストを知るためには、どうしてもある行為が必要とされるわけです。その意味では、新約聖書は、私たちにイエスやキリストや神についての知識を伝える書である以上に、まず第一には、どうしたら私たちが永遠の生命を、神を知り、真の平安に到達できるのかを教える実践の書であり、人生の指導書《ガイドブック》であるといえます。〉(一三二頁)

新約聖書が、理性知から体験知に導く実践指導書であるというこの発言も、井上神学の重要な主張であり、処女作『日本とイエスの顔』冒頭で掲げられて以来、繰り返し説かれてきたことです。わたしが井上神学に惹かれたきっかけも、まさにこの点が強調されていたからでした。

ここでまた、少し思い出すことがあります。

本稿の最初のところでも触れましたが、井上神父に出会う前の大学四年生、一九七七、八年頃のわたしは、カール・ヒルティの著作に出会い、その『幸福論』

や『眠られぬ夜のために』などを貪るように読んでいました（『心の琴線』一二頁以下）。それがわたしにとって、はっきりと「聖書に出会った」と言える体験であり、そのヒルティの説く〝実践的〟なキリスト教に強く惹かれていったのでした。

その「実践性」とは何だったのかと、いま一度、当時の思いを振り返ってみたいと思います。すっかり黄ばんでしまった岩波文庫や『ヒルティ著作集』をめくってみます。たとえば『幸福論Ⅰ』（白水社版）の目次――

一　仕事をするこつ
二　エピクテトス
三　絶えず悪者と闘いながら策略を使わないような処世の道は、どうしたら可能か
四　良い習慣
五　この世の子らは光の子らよりも利口である
六　時間をつくる方法
七　幸福

八　人間とは何だろう、どこから来て、どこへ行くのか、金色に光る星のかなたには誰が住んでいるのか？

これらを改めてながめたときわかることは、「こつ」や「処世の道」「習慣」「方法」など、この世の実生活に即役立ちそうな、いわゆる「ハウ・ツー」的な意味での実践＝実用的な項目が多いということです。

当時のわたしはヒルティから、宗教というものが単に心の持ちようといった問題なのではなく、実生活と密接に結びついたものであることを学んだのでした。しかしそれで即キリスト教へということにはなりません。むしろ、ヒルティの思想の中心にあるキリスト論は脇へ置いておき、そこから導き出された、右のような意味での実践論に具体的な生き方のヒントを見つけようとしていたように思います。

この辺りは、先に触れた明治期の青年のキリスト教受容の仕方と共通するところがあるように思います（『心の琴線』六三〜六四頁）。

大学を卒業して二、三年はカントも読んでいました。就職して一年を過ぎた頃から、朝晩の通勤ラッシュのなかで、岩波文庫の『道徳形而上学原論』や『実践理性批判』などを少しずつ読むようになっていたのでした。これも、一つの実践的、具体的な指針を欲していた証拠でしょう。カントを選んだのは、学生時代に知った次の有名な言葉が思い出されたからです。

〈それを考えること屡々にしてかつ長ければ長いほど益々新たにしてかつ増大してくる感歎と崇敬とをもって心を充たすものが二つある。それはわが上なる星の輝く空とわが内なる道徳的法則とである。〉（『実践理性批判』岩波文庫、第二部「結論」）

カントは哲学を精緻な理論としてだけでなく、一生を通じて自ら誠実に実践した人物でした。ヒルティに接して以来、そういう実践の裏づけのある哲学者に耳を傾けることこそが大事なことのように、わたしには思えたのでした。

〈それだから聖書で、「汝の隣人を愛せよ」「汝等の敵をすら愛せよ」と命じている章句もまたこのように解すべきであることは言うまでもない。実際、傾向としての愛なら、命令されるまでもないからである。しかし義務にもとづく仁愛の念は、いかなる傾向によってでも促進されることを必要としないにも拘らず、それどころか抑えることのできないほどの自然的な嫌悪の情によってはばまれるようなことがあっても、それは実践的愛であって「感性にもとづく」受動的愛ではない。この実践的愛の根拠は、意志のなかにあり、感覚的な性向のなかにあるのではない、行動の原則のうちに存し、徒らに温柔な同情心のうちに存するのではない。それだから命令され得るのは、まさにこの実践的愛にほかならないのである。〉

（『道徳形而上学原論』同文庫、第一章）

そしてヒルティも言います。

〈あなたは、できるだけ隣人の霊と肉の幸福を増そうと心がけねばならない。まことの愛は隣人をその人自身において愛するのでなくて、神において愛する。〉

（『眠られぬ夜のために　第一部』同文庫、「十一月八日」）

〈だから、マタイによる福音書第五章から第七章までを読んで、正直に、「そうだ、これは宗教の最もよき、最も真実の、永遠に価値ある真髄である。私は多分それを実行しているとはいえまいが、しかし実行することを願い、また真面目にやってみようと思う」と言う者は、真のキリスト者である。〉（『眠られぬ夜のために　第二部』同文庫、「五月四日」）

これらの言葉に接することにより宗教が、単なる心の持ち方をこえた、愛を伴う実践的なものなのだと思え、わたしは素直に感動したのでした。

しかし八〇年代に入って、自分が実際に——教会に通ってキリスト教に求道しようとしたとき、次第にカントの道徳論やヒルティのキリスト教が、正直〝きつい〟と感じるようになっていきました。キリスト教が実践的であるという魅力は同時に、わたし自身にも道徳的倫理的に厳しい禁欲と隣人愛の実践を要求する宗教ということをも意味しているように思えたのです。「永遠のいのちを得るために」はどうしたらいいのか、その「ガイド」を新約聖書にたずねたとき、ヒルティらは直接的な「実践的愛」を求めている、というふうにわたしは受け取ったのでした。

受洗を経てからもわたしは、アッバに掬い取られた悦びから自ずと溢れ出る悲愛、というような発想を持つ余裕はありませんでした。そこには、井上神学に対する理解の未熟さが根本にあったことはもちろんです。また、新しい仕事や家庭生活の中で、気負いと焦りを感じていた時期でもありました。いずれにしろ、わたしの「愛の掟化」の根底には、応答としての愛を救いの条件と混同してしまう――そのように新約聖書を読んでしまう傾向があったように思います。「神を呼び神を疎ましく……」という思いの始まりです

一八　信即行

やがてわたしは、井上神父が「新約聖書は実践の書であり、人生の指導書《ガイドブック》である」というとき、その意味するところは、カントやヒルティとは似て非なるものであることに気づいていきます。本書第二章で述べた「為す愛」と「為さざる愛」との対比を今の文脈にあてはめるなら、カントやヒルティの「実践的愛」は前者を志向し、井上神学は後者を特徴とするものといえましょう。

これまで《「ファリサイ派の人と徴税人」のたとえ》（『ルカによる福音書』一八章）をめぐって、他者に「石を投げない」、「裁かない」——己を「わきまえ」「ひかえる」ケノーシス的姿勢——井上神父のいう「悲愛」の「為さざる愛」としての性格を検証してきました。あるいは悲愛へと導く「行」を奨励する場合も、先のヒルティやカントの直接的「実践的愛」のすすめとは対照的に、それがややもすれば偽善をはらむ可能性すらあるものとして、注意を要することを神父は指摘していました。そこで奨励される「行」とは、イエスをまねた「個々の行為」ではなく、イエスの生き様を鏡とする「自己凝視」と「祈り」の姿勢であることを、わたしたちは学びました。

そして今「私にとっての聖書」で井上神父は、「人生の指導書」である新約聖書について、『ヨハネによる福音書』の次の言葉を引用します。

〈これらのことが書かれたのは、あなたがたが、イエスは神の子メシアであると信じるためであり、また、信じてイエスの名により命を受けるためである。〉（二〇章三一節、新共同訳に改）

井上神父は、前述した「イエスを、キリストを」また「永遠の命を、神を知る」ために「どうしても必要なある行為」として、この句から次のような解釈を導き出しています。

〈……そのためには、イエスが見えない神を御自分のうちに宿しておられる神の子であること、即ち間違いなく私たちを見えない神の御手の中につれていってくださる方であることを信じるという行為が要求されるのだとも説明しているわ

けです。〉（一三二～一三三頁）

神父は繰り返します。

〈信じるということは、目をつぶってお委せしてついていくことであり、私たちの判断をも神にお預けする行為であると思います。〉（一三三頁）

ここまで読んだときわたしは正直、肩の荷が下りたように感じたのでした。「私にとっての聖書」のこの箇所においては明確に、「信じるという行為」――「信じる」ことが即ち救いのために「必要な行為」であると明言されているのです。このことは、「愛の掟化」に悩んでいた八〇年代半ばまでのわたしにとって、それこそ「目からうろこ」の大発見でした。それまでは、〝救いのために必要なのは、信仰か行いか〟という、古くからある問いに、もちろんそれは、パウロが言うように、第一に信仰なのだが、心のどこかで、洗礼を受け信者になったからには〝クリスチャンらしい〟愛の実践――たとえば「ボランティア」や「奉仕」という言葉に象徴されるような善行を漠然とイメージしていたのかもしれません――を伴うべきではないか、という思いに囚われていたように思います。今思えば、それは救済論としては、旧約の律法（行為）義認から新約（パウロ）の信仰義認へと転換したものを、再び行為義認へと逆戻りしかねない事態を意味していました。中世カトリック教会とルターの対立が想起されます。

　そうした気負いや焦りが解消され、イエスへの信頼一筋でいいのだ、それが救いのための第一の「行い」であって、さらにその先に、結果として、わたしが何をする（ようになる）か、またしないかはアッバにお任せすればいい――「判断をも神にお預する」――そう思えるようになったのでした。

　このいわば〝信即行〟ともいうべき発想について、井上神父は次のようにも述べています。以下は、本稿第一部で取り上げた、佐古純一郎氏と井上神父との対談『パウロを語る』でわたしが引用したやりとり（『心の琴線』二〇頁以下）の直前に出てくる発言です。対談が「行為義認」と「信仰義認」という話に及んだところから引用します。

〈井上　行為（A）というものは摂取された人の感謝の思いから出てくるものじゃないかと思うんです。行為（B）によって義認されるというのはファリサイ派でしょう。パウロは、それはだめだと言うのでしょう。我々はファリサイ派ではなくてキリスト教徒だから、当然すべては神の恵みと恩寵による。しかしそのためには帰依することが必要である。尻向けていたんじゃ、やっぱり、ちょっとぐあいが悪い。

ですから、問題はこういうことかもしれません。要するに、帰依するというのも一つの行為（C）なのかどうかということ。そう考えますと、信仰は一つの行為かもしれませんね。帰依するというのは、手を合わせて拝むことですから、やっぱり行為で、頭だけで数学や物理みたいに考えることではないですね。だから、私は信仰というのは生きることだといつも言うから、生きるというのは行為だから、そういう意味では信仰と行為というのはそんなに対立するものじゃないかもしれませんね、広い意味で解すれば。〉（一七六〜一七七頁、記号平田）

ここには、井上神父の考える「信仰」と「行為」の関係が、非常にわかりやすく説明されています。

わたしたちキリスト者は、「行為義認」――自らの行いによって正しくあろうとする、という意味で自力救済――のファリサイ派ではないから、大前提として「神の恵みと恩寵」がある。それに対する「感謝の思い」から相応の「行為」が出てくる、ということです。ここまでは、キリスト信仰として特別なことは言っていません。

しかしこの後、「帰依」ということを問題にします。「三宝に帰依する」などというように、この言葉はもと仏教語ですが、「南無」とともに日本人にはなじみの深い言葉です。その「帰依」を重視し、「神の恵みと恩寵に」あずかるためには、「帰依することが必要である」とし、けっきょく「帰依」「信仰」「合掌」そして「生きること」は「広い意味で」すべて「行為」なのだというのです。

一九　三つの「行為」

少し整理してみましょう。右の井上神父の言葉には、三種類の「行為」が語られているように思われます。まず、行為Aは「摂取された人の感謝の思いから出てくる」というのですから、結果・応答としての行為と言えましょう。

次に「行為によって義認される」という場合の行為Bは、救われる条件・前提としての行為です。ファリサイ派が律法遵守を重視するというとき、行為B↓救済、という流れになり、自らが行為Bを起こさなければ救済はありえない、という意味で、自力救済的といえます。それはややもすれば、自己の善行を数え上げて神を動かそうとする自己中心――エゴイズム、高慢の温床ともなるでしょう。

キリスト者はそうではない。行為Bから始まるのではなく、その逆、救済↓行為A、という流れであり、その発端は「神の恵みと恩寵」にあるといいます（恵み→救済→行為A)。この意味で行為Aは他力本願的結果といえます。わたし自身の問題を振り返れば先に触れたように、八〇年代半ばまでのわたしは、この行為Aと行為Bとを無意識に混同してあがいていたように思います。

　ではキリスト者として、「すべては神の恵みと恩寵による」のならば、自分からは何もすることはないのか、というと、井上神父は「ノー」と言います。「神の恵みと恩寵」を受ける「そのためには帰依することが必要である」というのです。こうなると、今度は「帰依」が恵みの前提条件になり、帰依→恵み→救済→行為Aというふうに理解しそうです。しかし神父は直後、「尻向けていたんじゃ、やっぱり、ちょっとぐあいが悪い」と言い足しています。つまり「帰依する」ということは、端的に、神様に尻を向けない——神の恵みを受け入れること、という意味になるでしょう。このことから、神様はいつもこちらを向いていてくださっている——井上神父に言わせれば、むしろうしろから寄り添い、あるいは抱きかかえていてくださっている——お方である、ということがわかります。わたしたちがそっぽを向こうが、尻を向けようが、アッバの姿勢は変わらない。まさに、〈悪人にも善人にも太陽を昇らせ、正しい者にも正しくない者にも雨を降らせ

てくださる〉(『マタイによる福音書』五章四五節)

方なのです。ですから、「帰依」が神の「恵み」を引き出す条件(帰依→恵み)ではない。むしろ常なる恵みのもとで帰依する、受容する(恵み→帰依)ということ。アッバに「尻を向けない」「アーメン」と答え、受け入れる、「よろしくお願いします」と頭を下げる、ということです。これは本書で件の《たとえ》について最初に言及した「具体的行為」としての「祈り」と同じものです(第一章一)。

直後神父は、

〈要するに、帰依するというのも一つの行為(C)なのか〉

と自問し、「帰依」「信仰」「手を合わせて拝むこと」=合掌、そして「生きること」を同定していますから、これらすべては「行為C」であると結論できます。

以上の流れをまとめると、恵み→行為C→救済→行為Aということになると思います。前述した行為Bでも、また行為Aでもない――実際、井上神父には行為Aは自ずから溢れ出るという信念がある――行為Cを重視し、幅広く解釈している所に、井上神学=アッバ神学の特徴があります。

二〇　二つの「愛」

前項では、神の愛への応答としての「行為A」、救いの条件としての「行為B」、そして祈りに代表される信仰としての「行為C」を、井上神父の言葉から抽出して、「信仰」と「行い」について考えてみました。そのなかで神父は、「行為C」を幅広く解釈し、強調していることが確認できました。これは第五章で述べた「行」としての祈り、という発想にも通じます。

この「行為C」の具体を、「信仰」「帰依」「合掌」「祈り」「生きること」等々と敷衍していけば、それはたしかに、静的な信仰か動的な行為か、というような、単純な二律背反的「あれかこれか」の問題ではない、ということも了解できます。

〈そういう意味では信仰と行為というのはそんなに対立するものじゃないかもしれませんね、広い意味に解すれば。〉（『パウロを語る』一七七頁）

と井上神父が言うゆえんです。

このように福音にあずかるために「行為C」を強調する神父は、ファリサイ派の自力救済的な「行為B」はもちろんのこと、救いの応答としての「行為A」をも殊更に奨励したり、強調するということはありません。

本稿第二部（『すべて』）では、イエスのケノーシス（自己無化）的姿勢に「南無アッバ」の究極的な姿を見て取ることができる、という井上神学＝アッバ神学からの結論を得ました。そこをスタート地点としてこの第三部を始め、イエスの――引いてはわたしたち日本人求道者の生き方のヒントとして――ケノーシス的姿勢をめぐって、井上神父の著作にあらわれた《「ファリサイ派の人と徴税人」のたとえ》を順次見てきたわけです。

その中でわたしは、「為す愛」と「為さざる愛」という言葉を使って、神父のいう「悲愛」が後者を強調している、ということを指摘しました（第二章四以下）。

この二つの「愛」は、どちらもわたしたちにとっては本来、右に述べた「応答行為A」の範疇にあるべきものと言えます。前述したヒルティの「実践的愛」は、この「行為A」のなかで「為す愛」を強調していたのであり、それがわたしには「キリスト者かくあるべし」という「掟」として、息苦しく感じられたのだと思います。こうして、いつのまにやら、「応答行為A」と「条件行為B」が混同されていったのでした。

井上神父においては、「信仰」か「行い」かという「あれかこれか」の問題が、「信即行」という発想によって、乗り越えられているように思われます。先に述べた焦り――キリスト者たるにふさわしい愛の業に励むべし！――のなかにいたわたしが、神父の「信即行」に触れて、直感的に安心感を覚えたのは、〝おまえの「信仰」はそのままですでに「行い」になっているのだよ、何も特別なことをする必要はない、その信一筋でいけばいいのだよ〟そう言われているように思えたからでした。八〇年代半ば、受洗後四、五年のわたしが、「私にとっての聖書」の「信じることが行為」(信即行)という一言に接して、当時の緊張から解放されたのは、このような事情によるものと、いま振り返って思うのです。

二一　ユダヤ人にはユダヤ人のように

『人はなぜ生きるか』中の未発表エッセイ「私にとっての聖書」で井上神父は、こうして「信じる行為の必要」を述べた後、前述の『ヨハネによる福音書』の結びの言葉（二〇章三一節）以外に、「イエスはいのちを得るために何が必要かを説明」している箇所として、〈善いサマリア人〉（『ルカによる福音書』一〇章二五〜三七節）を挙げ、続けて件の《「ファリサイ派の人と徴税人」のたとえ》を置いています。本章冒頭に触れた、わたしの「勘違い!?」の「メモ」は、ここに記されています。

井上神父は当該エッセイのなかで、まず〈善いサマリア人〉を全文引用します。ご存知のとおり、このたとえは、福音書のなかで最も有名な話のひとつであり、これをどう読むかについても数多の研究や著作がなされています。高校「倫理」

や「現代社会」の教科書・資料集などにも必ずといっていいほど、取り上げられてもいます。しかしここでは、わたしなりに井上神学の、あるいはいま置かれている文脈から、読んでみたいと思います。

〈善いサマリア人〉で「律法の専門家」はイエスに、「永遠のいのち」＝救われるためには「何をしたら」いいか聞きます(二五節)。ただしその真の動機は、「イエスをためそうとして」のこと、とルカが解説しています。同じように彼が「では、わたしの隣人とはだれですか」(二九節)とイエスに聞き返したときは、「自分を正当化しようとして」(「自らを義としたいと望んで」岩波訳)いた、とあります。こうしたことは、もし「律法の専門家」がイエスのアドバイスを聞いたとしても、まともにそれを受け取って何かをする気が、最初からなかった可能性を示唆しています。イエスはそのことを知った上で、以下のたとえを語ったのかもしれません。

いずれにしろ、「律法の専門家」が求めたのは、「永遠のいのちを得るために要求される行為」なのですから、先の行為分類でいえば「条件行為B」ということになりましょう。彼はユダヤ人ですから、こういう質問の仕方すなわち、何か特定のことをする（守る）ことによって救われると発想する――律法主義、行為義認につながる――のは自然です。もちろんイエスもユダヤ人だったわけですが、少なくとも安息日論争（『マルコによる福音書』三章）や清浄問答（同七章）に見られるように、相当に律法を相対視していたことは間違いありません。それゆえに最終的に十字架に追い詰められたといってもよいでしょう。

しかしイエスはここで、「律法などどうでもいいものだ」とは言いません。ユダヤ教を超えていながら、ユダヤ人である「律法の専門家」に対しては、ユダヤ教の立場で――「律法には何と書いてあるか。……」（二六節）「それを実行しなさい。」（二八節）などと応答します。ちなみに『ルカによる福音書』一八章の「金持ちの議員」に対しても、イエスは「……という掟をあなたは知っているはずだ。」（二〇節）と答えています。ということは、少なくともこれらのペリコーペでは、イエスはユダヤ教的な律法・行為義認の立場から、彼らに答えを提供しているようにみえます。「ユダヤ人にはユダヤ人のように」（『コリントの信徒への手紙一』九章二〇節）とは、パウロ書簡の有名な言葉ですが、井上神父の強調するイエスの、あるいは新約聖書全般にわたっての「対機説法」的性格も含め、ユダヤ人イエスが同じユダヤ人の「律法の専門家」や「金持ちの議員」と問答をすれば、ユダヤ教の文脈のなかで行われるのは自然とも言えます。たとえ、イエスが本当に言いたかったことが別にあったとしても、です。

二二　〈善いサマリア人〉による焦り

井上神父はこの中で、「律法の専門家」が「自分にとって隣人とは誰」かと問うたのに対し、イエスが「旅人にとって隣人は誰であったかと問いなおし」たことに注目します（一三四頁）。ここから、「隣人を愛するということは、」だれであれ「いま自分を必要としている人の隣人になることであり、」この「隣人となるという悲愛《アガペー》の行為が、永遠のいのちを得るために要求される行為なのだ」と、イエスの考えを読み取っています（一三五頁）。

つまり、「救われるためには自ら隣人となる行為が不可欠だ」と言っているのです。この部分だけを読めば、八〇年代当時のわたしが感じた焦りを助長させる「愛の掟化」（条件行為B）、または「為す愛」のすすめのたとえとして読んでしまう人もいると思います。以前受け持った「倫理」の授業で、生徒に〈善いサマリア人〉の話を読ませ、感想を書いてもらったところ、この「あるサマリア人」の善良さに感動すると同時に、「とても自分にはできない」という意見が多かったことを思い出します。

縷々述べてきたように、「愛の掟化」に悩まされていた八〇年代のわたしが、このたとえを読んで不安になり、井上神父に教えを請いたくなる。『人はなぜ生きるか』に残された前述の、

〈ルカ一五と一八章がイエスの眼目（井上TEL)〉

とのわたしの「メモ」は、そういう心境のもとで書いたのだと思います。「永遠のいのち」(救い）を得るために「何をしたらいいか」と聞く「律法の専門家」。「～（愛）を実行せよ」というイエス。瀕死の人を懇ろに介抱する心優しい「あるサマリア人」。このように自ら「隣人となれ」と命じるイエス。そして井上神父自身もこのペリコーペを、

〈隣人となるという悲愛の行為が、永遠のいのちを得るために要求される行為なのだ、というイエスの説明である〉(一三五頁)

と受け取っています。わたしにはそれが、直前にあった「信即行」の発想と矛

盾するように思われました。

「律法の専門家」とイエスのやり取りは、すべからく「条件行為B」を前提としてなされている、ということになります。わたしはまたまた、「山上の垂訓」のような厳しいイエスの「掟」を想起しました。「救われたければ、おまえも行って同じようにせよ」と言われているように思うと、再びわたしは、「そんなことは無理です。でも何かしなければ……いやできない」そういう焦りが戻ってくるように感じたのでした。

二三　愛は自我行為ではない

繰り返しになりますが、かつて井上神父から「日本人は倫理に弱い」と言われたように、キリスト教が日本に馴染まない最大の原因は倫理・道徳の強調にある、あるいは少なくとも、そのように見えてしまうから、というのがわたしの考えです。

〈善いサマリア人〉では「永遠のいのちを得るために」、たしかに「隣人となるという悲愛《アガペー》の行為が要求」されています。それはイエスが言ったように最大の「掟」(『マルコによる福音書』一二章二八～三一節)には違いないのですが、だからといって、〝では自分もさっそく出て行って、困っている人を見つけ、隣人になろう、ならなければ!〟というような、自我が前に出て、律法主義的に――「条件行為B」としての「為す愛」を促すものではないのです。このことは本稿第三部、すなわち本書の中でこれまで、井上神父の《「ファリサイ派の人と徴税人」のたとえ》解釈から見えてきたことを振り返れば明らかです。

ここではそれを、神父の考える「救い」と「行い」そして「信仰」との関係をめぐって、当該「私にとっての聖書」以外に、『人はなぜ生きるか』に収録されている講演録・エッセイから少しく読み取ってみたいと思います。

○自我を「ひかえる」自己相対化

〈私たちの人生というのは、私たちが何かをし、それによって私たち自身を表現するものではなくて、神が——神という言葉がお嫌いな方は、私たちをささえている大自然の生命と受けとめてくださっても結構なのですが——私たちの生涯において己れ自身を表現させるものだ、ということなのであります。〉（一五頁）
——わたしたちの人生の主体は、わたしたち自身ではなく、アッバにある、と自覚することが、学問や芸術や道徳とも異なる「宗教の世界の核心」だということ。
この言葉は直接的には、わたしたちが老病死の苦しみに出会ったときを想定して語られていますが、たとえどんなに善い「行い」であっても、がむしゃらに自我が前に出ることが抑えられ、「ひかえる」姿勢——「為さざる愛」が促されています。

○自覚行為としての祈りの必要

〈自分が主である世界から従になる世界に転換するのには、どうしても〝行《ぎょう》〟ということが必要です。型に入るということはそういうことなのです。祈りにはいろいろなかたちがあるかもしれませんが、「祈り」というのも一つの行であります。〉(二七頁)

——「あちら様が主になって自分が従になる」「逆主体的段階」に入るためには「祈り」という「行」が必要なのだということ。すなわち、前述の救いに関する三つの行為分類でいえば、「信仰行為C」の必要が主張されています。

また井上神父は、次のようにも言います。

〈しかし人間の妄執というのは大きなものです。私もそうですが、あちらさまが主であるようにいつも生きているというわけではありません。ついあちらさまを忘れて、いつのまにか自分が主であるかの如くに振舞ってしまうことが多いのです。そこに祈りという行為の必要性がうまれてくるのであろうと思います。祈

りというのは、己れが従であることを、あらためてあちらさまの前に自覚する行為に他ならないからです。〉（四七〜四八頁）

ここでは、前述の「自分が従になる」――視座の「転換」に必要な「行」としての「祈り」とは、「己れが従である」ことを「自覚」することだ、と明言しています。ちなみに辞書で「自覚」という言葉を調べてみると、「自分のあり方をわきまえること。…」（広辞苑）、「自分自身の立場・状態・能力などをよく知ること。わきまえること。」（大辞林）などとあります。

右に神父が「あらためて」と言っているのはわたしたちが、自分が主であるかの如き「妄執」を離れて、事実としての本来の姿（従である）を「よく知り」「わきまえる」――受け入れるために必要な行為だからです。そういう意味で自覚行為としての祈りは、きわめて受け身的なものであり、本稿の文脈にそって言えばまさに、己を従とわきまえる祈り、ひかえる祈りといえましょう。

○無心からおのずと溢れ出る悲愛

そして、「応答行為A」へとつながります。

三番目の講演録「日本の私とヨーロッパのキリスト教」は、『人はなぜ生きるか』のなかで最も早い時期、一九七七年のものですが、当時――処女作『日本とイエスの顔』出版直後の井上神父が、自らの「生き方」として考えていることを二つあげています。

一つは、日本のキリスト教を考える場合、「自然への親近感」や「聖霊」をとらえなおして、わたしたち一人一人が「自分の心情で」とらえたイエスの福音を、「自分の言葉で」語っていくということ。もう一つは、仏教でいう「無我」や「無心」ということが、イエスの福音においても非常に大切だ、ということです。

そしてこの「無心」「無我」に関連付けて、キリスト教の「愛」にアプローチします。すなわち、

〈キリスト教でふつうに言う〝愛〟などというのも、イエスの姿勢などをじっと見ていますと、ふつうにキリスト教でいわれているものなどよりも、もっとずっと深い所に根ざしているような気がいたします。〉(六一～六二頁)

と前置きしてから、わたしが〈Tさんへの手紙、一九八五年一二月末、続〉(本章八)に引用した部分を続けています。その主旨は、「悲愛」は「無我とか無心」

と密接に関係し、そこから「おのずとあふれでてくる」隣人愛は、「後ろ鉢巻」の「努力と頑張りで」自分が「積極的に前にでていって遂行する」ものではない、ということです。つまり、「隣人愛」は「最大の掟」ではあるけれど、「他の掟」とはちがって、「無心・無我」から「応答行為A」として自然に湧き出てくるものなのだ、というのです。

すでにわたしたちは、神父が「新約聖書は救いのための実践指導書」であり、イエスを凝視する「祈り」＝「行」の必要性を説いていることを見ましたが（第五章）、ここでいう「無心・無我」は、「行」としての「祈り」すなわち「信仰行為C」に相関し、それはケノーシス（自己無化）をめざす自己相対化、「南無アッバ」の道と方向を一にすることは明らかです。井上神父いわく、

〈信じるということは、目をつぶってお委せしてついていくことであり、私たちの判断をも神にお預けする行為〉（一三三頁）

なのです。

○第一に為すべきことは

そして直後、この「隣人愛」――「悲愛」の「性格」を説明するために、ここでも件の〈善いサマリア人〉を引いています。もっともこちらの講演の方が、先の未発表エッセイより八年早いのですが、井上神父の着眼点・強調点は同じです。すなわち、

〈隣人を愛するとは、今自分を必要としている人の隣人となるということ〉（六三頁）

であり、その場合、「中心点を、自分から相手にうつして」いく、「相手の思いを中心にすえ」ること――思いやりが大切だ、ということです。そして、

〈悲愛とは、（1）その人の思い哀しみ苦しみを自分に映しとり、感じとるところから（2）おのずから湧きでる行為である〉（同、番号平田）

と定義しています。隣人愛＝「隣人となる」ためには、「中心点を、自分から相手に移す」＝自己相対化がはかられなければならない。そうしてはじめて（1）が可能となり、さらに（2）が「おのずから」続くという発想です。

大事なことは、井上神父の強調点が「自己相対化」及び（1）にあるというこ

とであり、あくまで（1）→（2）という順序・流れであって、（1）をスキップして表に現れる（2）を焦ってはならない、ということです。
〈相手の思いを中心にすえず、ただ、そうだ、キリスト者は愛さなければいけない、などといってやたらに親切をしてみても、結果はしばしば、小さな親切、大きな迷惑ということにもなりかねないことになりましょう。〉（同）
ここには、八〇年代のわたしのあの「焦り」がそのまま指摘されているように思います。
自己相対化から（1）への道——そこには「無我、無心に大へん近い」「柔らかな澄んだ心」が必要です。しかしエゴイズムに汚れている自分にはそれがありません。したがって、まず為すべきことは、「そういう心が欠けている自分、という自覚」、「エゴイズムに汚れている自分への反省」——
〈イエスの水晶のように透明な、澄んだ心のまえで、己れの心の汚さを反省するという基本的な姿勢〉（六四頁）
をとるということです。

二四　「信即行」としての祈りの模範

ここまで、〈善いサマリア人〉(『ルカによる福音書』一〇章)から、〈隣人となるという悲愛の行為が、永遠のいのちを得るために要求される行為なのだ、というイエスの説明〉(一三五頁)を巡って、わたしたちは具体的にどうすればいいのか、ということを考えてきました。

そしてそれは、いわゆるガンバリズム――「後ろ鉢巻」で奉仕や人助けをする、というような短絡的なことではなく、「祈り」に象徴される「信仰行為C」によって自己相対化をはかること、何より第一義的には、「己れの心の汚さ」の自覚と「エゴイズムに汚れている自分の心への反省」が必要だということを学びました。

「私にとっての聖書」では、〈善いサマリア人〉の直後に、《「ファリサイ派の人と徴税人」のたとえ》が続きます。

〈しかし口でいうのはやさしいことですが、実際にやってみると、私たちは誰しもが、隣人になるということの難しさをひしひしとはだで感ぜざるをえません。そして如何に自分の心がエゴイズムに汚れているか……深く心の痛みを感じさせられる……そのときイエスの嘉された取税人の祈りが、私たちの口をついておのずからにでてくるのだと思われます。〉(同)

「条件行為B」や「応答行為A」としての隣人愛の「実践」に焦るのではなく、「人の思いを感じ取る」こと。しかしそれも容易にはできないわたしたちは、まず「エゴイズムに汚れている自分」を深く自覚すること。そのときわたしたちの心は、おのずと「徴税人の祈り」につながるというのです。

〈徴税人は遠く立って、目を天に上げようともせず、胸を打ちながら言った「神様、罪人のわたしを憐れんでください。」〉(『ルカによる福音書』一八章一三節・新共同訳)

〈自分の至らなさを恥じ、そしてわびるこの徴税人の祈りこそ、イエスが一番

きらった〝人に石を投げ、裁く姿勢〟から私たちを守ってくれるものであるように思えます。〉（一三六頁）

本稿第二部でわたしたちは、「至らなさ」の自覚や「恥」意識、また「申し訳ない」と「わびる」心が「罪意識」の日本的表現として、井上神学に多用されていることを見ました。（『すべて』六七頁他）。

エッセイ「私にとっての聖書」では結論として、そのような「罪意識」を持つ「徴税人」の姿勢が、わたしたち日本人キリスト者の常に振り返るべき祈りの模範として提示されているのです。そしてそれは、「〝人に石を投げ、裁く姿勢〟から私たちを守ってくれる」――「人に石を投げ」ず、「裁く」ことをしない、「姿勢」――「為さざる愛」を自ずと促すことになります。

〈祈りとは、自分の小ささ、いたらなさを神の前に素直に認め、心をむなしくして、神の愛の息吹きを、天の風を、聖書の言葉でいえば聖霊を、心にお通し申し上げることに他なりません。〉（同）

「信即行」としての「祈り」＝「信仰行為C」から自ずと湧き出る「無心」――「心をむなしくして」「神の息吹き」＝「聖霊」に身を委ねるということ。そして、時空を超えた「祈りによる聖霊の同時性」において聖書を理解する、ということ。
「私にとっての聖書」はこのことを強調して結ばれます。

第九章　『人はなぜ生きるか』における《たとえ》（二）

一 《たとえ》への思い入れ

『人はなぜ生きるか』にはもう一箇所、後半の「イエスのまなざし」――一九八一年刊の同名書とは別――と題した講話録に《「ファリサイ派の人と徴税人」のたとえ》が出てきます。この講話は、一九八四年六月に行われており、『人はなぜ生きるか』の「あとがき」(一九八五年　盛夏)のほぼ一年前ということになります。

ということはこれは、先に見た同書未発表エッセイ「私にとっての聖書」執筆とほぼ同時期になされた講演なのではないか、と思われます。想像をたくましくするなら、件の《たとえ》が繰り返し話題にされるということは偶然ではなく、この時期井上神父のなかには、あの「リヨンでの回心」(本書第二章)を振り返るような心理的出来事が何らかあったのかもしれない、とも思うのです。このこ

とは、前章の最初に述べた、わたしとの電話での神父の発言、

〈その一文（「私にとっての聖書」）が書き下ろしなのは、「ファリサイ派の人と徴税人」の話を、あの本に入れたかったからだろう〉

との言葉からも伺えます。

「イエスのまなざし」では、ユダヤ教的メシア観を持っていた弟子たちが、生前のイエスを理解できず裏切ったこと（一、ユダヤのイエス）、しかし神の御手に迎えられたイエスは彼らをゆるし、愛してくれているという体験を弟子たちがしたことが語られます（二、イエスの復活）。

そしてタイトルと同じ――ということはここに主題があると推察できる――「三、イエスのまなざし」では、その「ゆるし」の「まなざし」がどのようなものであったかが解き明かされます。

すなわち、明治以来の日本のキリスト者に対するイメージは、本来の「イエスのまなざし」とは正反対のファリサイ派のものであり、このコントラストを浮き彫りにするために、かの〈善いサマリア人〉を語り、そしてここでも続けて《「フ

ァリサイ派の人と徴税人」のたとえ》を話題にします。ただし前者については一頁ほどの解説なのに比べ、後者は数頁——次の項目にまで及んでいることは注目に値します。先にも述べたように、それだけこの《たとえ》が、当時の神父に強く意識されていたことを示唆するからです。

二　「ファリサイ派」の姿勢

井上神父は、この《たとえ》について、〈私たちもその場にいて、イエス御自身からこのたとえ話を聞いているつもりで読まなければいけないのではないか〉（一七〇頁）と述べてから、ファリサイ派と徴税人を対比しながら、非常にくわしく説明を加えています。そのなかで、「イエスのまなざし」を理解するための「重大な言葉」として、〈わたしが来たのは、正しい人を招くためではなく、罪人を招くためである。〉（『マルコによる福音書』二章一七節、新共同訳に改）をあげます。

そうしてから神父は「四、イエスの悲愛」で《たとえ》に戻り、自らの罪に胸をたいて「申しわけない」という「徴税人」の祈りが聞き入れられるであろうことには、自身傾倒するリジューのテレジアの霊性を引きつつ、理解を示します。むしろ井上神父は、「立派な」ファリサイ派の祈りがどうして否定されなければならないのか、ということに注目します。当時の人たちも現代のわたしたちも、きっと疑問に思うだろうと。そういう「聞いている人達の価値観を全部ひっくり返して」「普通に立派であると考えられていることと全然違う次元のことをイエスは言ってる」(一七七頁)、そこに「ポイント」——「イエスのまなざし」の何たるかが示されている、というのです。

ここから「五、キリスト者とファリサイ派」に入って神父は、道徳的に「立派」ではあるけれども「裁きの目」で人を見るファリサイ派と、「人の悲しみのわかるまなざし」、「人の涙を感じとる心」を持つイエスとを、〈罪深い女を赦す〉(『ルカによる福音書』七章)、〈姦通の女〉(『ヨハネによる福音書』八章)等々のペリコーペに触れながら、鮮明に対比していきます。

〈人に石を投げるというのは、イエスが一番嫌った姿勢です。なぜかというと、人に石を投げるということは、いつの間にか天に代わって人を裁いている、天に代わって人に石を投げているということだからです。〉（一八四頁）

ファリサイ派的な「裁きの目」――「人に石を投げる」姿勢とは、「天に代わって」すなわち「神の代理人」となって人を裁くということです。その根本には「自分の力」に恃む驕り、傲慢、エゴイズムがあります。この意味においてファリサイ派の「律法主義」は、先のＡＢＣ三種の行為分類でいえば「条件行為Ｂ」に傾くきらいがありましょう。したがって、そのために「為す愛」があるとすれば、その危険性は、表面に現れた道徳的な善良さではなく、救いも愛も〝自分の力でできる〟のだという、自力信仰の驕りにあると言えます。そして、「自分はできる」という思い込み→「できない人間を裁く」という図式が自然に出来上がっていくのです。「自分はできる」と本気で思っている人にとって、隣の人の悲しみや痛み、涙を感じ取ることは至難の業だからです。

〈キリスト者というのは、大体まじめで一生懸命な人がなる。そういう一生懸命な人たちが、一生懸命やっていますから、うっかりしているとファリサイ派の方にどんどん走るのです。〉（同）

と井上神父が言うのは皮肉ではなく、キリスト者として常に心しておくべき忠告です。

三　エゴイズムを溶かす〝イエスのまなざし〟

では、イエスが命をかけて最も大切にした姿勢——悲愛はどのように実現するのでしょうか。

前エッセイ「私にとっての聖書」では、自らの「至らなさ」を自覚する「徴税人」の姿勢が、人を裁く姿勢からわたしたちを守ってくれる、ということを学びました。

本講話録「イエスのまなざし」では、次のように結論しています。

〈一生懸命やりながら、ファリサイ派のようにならない、ふわっとした、やわらかな、隣の人の悲しみをうつす、そういうアガペーの心というもの、常に〝イエスのまなざし〟をみつめることが非常に大切なのではないかなと思うのです。〉(一八五頁)

ここまで見てきたわたしたちは、この短い一文からも、井上・アッバ神学の三つの重要なメッセージを読み取ることができます。すなわち、「ファリサイ派のように」人を裁かずに、

①「隣の人の悲しみをうつす、ふわっとした、やわらかな心」が「アガペー」の第一義であるということ。→「為す愛」より前に「為さざる愛」の重視。

②その「アガペーの心」は「イエスのまなざし」そのものであるということ。

③そしてわたしたちの具体的実践として、「常に」アガペーの体現たる「〝イエスのまなざし〟をみつめること」。

この「〝イエスのまなざし〟をみつめる」という行為は「祈り」へと連なり、これまで述べてきた「行為C」に取り込まれていくものでしょう。

こうして二つのエッセイ・講話からわたしたちは、自らの「至らなさ」「罪」を自覚する「徴税人」の姿勢を自分のものとするには、まず、「〝イエスのまなざし〟をみつめる」ということがキリスト者として最も大切なことである、という具体的なアドバイスを得ることができるのです。

結論として「〝イエスのまなざし〟を生きる」とき、〈その〝イエスのまなざし〟によって、私達のエゴイズムというものが次第に溶かされていく〉(同)

――悲愛へと近づいていくのだと、神父は「日本人」キリスト者の「希望」を語ります。

ちなみにここでも、「〝イエスのまなざし〟をみつめる」――イエスを凝視する、という具体的実践的教えは、本書第五章でとりあげた、井上神父のエッセイ「行を媒介とする真の自己獲得」において論じられた内容と一致します。その結語は次のとおりです。

〈…神の悲愛は、「自己凝視」へとつながる「イエスへの凝視」と、「合掌・祈り心」とを忘れない限り、いつかキリスト者をあのイエスの姿へと少しずつ変貌させ近づけてくださるにちがいないのである。〉(『イエスのまなざし』二五二頁)

このエッセイを末尾に置く一冊を(同名のエッセイを含まないにもかかわらず)、『イエスのまなざし』とタイトル付けした神父の思い入れが伝わってきます。

第一〇章　『キリストを運んだ男』における《たとえ》

一　サンドメルによる開眼

すでに述べたように、一九八二年二月頃サンドメルの『天才パウロ』に出会った井上神父は、神を「アッバ」と呼ぶ母性原理の強いキリスト教へと「着地の決断」が与えられ、八六年「風の家」を設立する運びとなったのでした（「風」第八〇号）。一九八七年刊行の『キリストを運んだ男』（講談社）は、このサンドメルの大きな影響のもとに書かれた一書です。その「あとがき」では、八二年一月の「シンポジウム」（戸田義雄編『日本カトリシズムと文学』所収）をきっかけに、石川耕一郎氏を通じてサムエル・サンドメルと出会ったことを述べながら、神父は次のように書いています。

〈サンドメルの著作「パウロの天才」（『天才パウロ』）をむさぼるように読みふけった私は、まさに目からうろこが落ちるに似た知的開眼を味わったのであった。

新約聖書という書物の全体構造が、はじめて、わかった、という思いであった。〉（二〇三頁）

ちなみに、この『キリストを運んだ男』が一つのきっかけとなって三年後、本稿でも幾度か取り上げた、佐古純一郎氏との対談「パウロを語る」（一九九〇年）が行われたのでした（同名書「あとがき」）。

先に見た井上神父の「信即行」という発想も、「パウロの立場を中心課題として理解していこうとするサンドメルの視座」を踏まえた「新約聖書の全体的把握」のなかで、深められていったものではないかと、私には思われます。こうした経緯のもとに、本書は「風の家」設立後、最初にまとめられた著作となります。

二 パウロの二つの顔

件の《「ファリサイ派の人と徴税人」のたとえ》については、そのものズバリのタイトルで第二章全体を割いています。

〈私自身もサンドメルの著作に深く影響された関係で、ルカの「使徒行録」執筆の目的の一つは、パウロの思想を弱体化させ、エルサレム中心主義の流れの中にだきこむことにあったのではなかったかと思っている。〉(二六頁)

本書第八章では、井上神父とわたしとのやりとりのなかで出てきたコンツェルマンが指摘した、ルカの「救済史観」について触れました。しかし神父は「そういう流れ」――「旧約」と「新約」を直線的につなげることには「留保」、というよりむしろ反対の姿勢をとります。「旧約」―「新約」間の「断絶性」にこそ、イエスの教えの本質を見ているからです。このことも本稿で縷々述べてきたとおりですが、サンドメルらが指摘するように、パウロは「生粋のユダヤ人」であるより、きわめてディアスポラ・ヘレニスト――反エルサレム的性格を持っており、その意味では「ルカのエルサレム中心主義」にとっては、目の上のたんこぶ的存在だったと考えられます。そのパウロ――信仰義認論を基本としたパウロ主義は、わたしたちが想像する以上に、当時の教会に対して大きな影響を与えていた、というのがサンドメルの主張です。

そしてもう一点大事なことは、パウロにはこの反エルサレム的性格と同時に、きわめてエルサレム的といっていい、熱心なファリサイ派としての顔があったということです。

〈いずれにしてもパウロが、回心以前は熱心なファリサイ派の一人であったということは、パウロの回心を理解するうえで極めて重大なことであったと思われるのである。〉（同）

そして「イエスとファリサイ派との衝突の原因が、また深くパウロの回心と関係している」として、件の《たとえ》を引用しているのです。

その「結論」――道徳的に立派な「ファリサイ派の人」の祈りが聞き入れられ

ず、だらしない「徴税人」の祈りが聞き入れられたという逆説を、まさに「晴天の霹靂として受けとめ、身体の奥底からゆさぶりあげられた者」（三一頁）の一人として、「ファリサイ派パウロ」をあげていることに、この章の眼目があります。

三　パウロの回心

《たとえ》によりイエス自らが語った「結論」――だらしない「徴税人」の祈りは神に聞き入れられ、立派な「ファリサイ派の人」の祈りは聞き入れられなかった――によって心を揺さぶられ、ファリサイ派パウロは「回心」した、と井上神父は言います。もちろんパウロ自身が、直接イエスの口からリアルタイムにこの《たとえ》を聞いた、というわけではないでしょう。そもそも、パウロが地上のイエスをどれだけ知っていたか、ということ自体が明らかにされていません。しかし直接ではなくても、イエスから強烈な感化を受け「回心」した最初期のキリスト者から、右の「結論」と同じ衝撃を迫害者パウロが受けたであろうことは、十分に想像できます。

以下、神父はこの迫害者であるファリサイ派パウロがどのようにして「回心」

に至ったかを、検討していきます。

繰り返しになりますが、件の《たとえ》のポイントとしてイエスが問題にしたのは、ファリサイ派の「人を裁く姿勢」(三三頁)――悲愛の欠如ということでした。曰く、

〈一人の人間の生の哀しみや痛みや喜びを、己れ自身の心の鏡にうつし、感じとり、行為することが、悲愛《アガペー》とよぶイエスのもっとも大切にした心の在り方であり、そこから自《おのず》からにほとばしりでる行為であるとするならば、ファリサイ派に欠けていたものは、まさにこの悲愛《アガペー》の心と行為に他ならなかったのである。〉(三五頁)

井上神父はここで、パウロの問題を「主我的段階(主体的段階)」と「無我的段階(逆主体的段階)」という、二つのキーワードを使って説明しています。これらの言葉は、前著『人はなぜ生きるか』にも見られますが(一六頁)、ここでは、《たとえ》に登場する「ファリサイ派の人」と迫害者パウロが同定され、回心前のパウロは、「自分のために神を求めている段階」=主我的段階にあった、と考えています。それゆえに「無意識のうちに神の座にすわり、他人の弱さや哀しみを裁

いて」しまうことになります。

〈しかもその主我的段階においては、天に代わるという、傲慢と思いあがりのもっとも大きなあやまち、罪の状態に落ちいるおそれがある。パウロによれば、本当の意味における罪とは唯一つしかない。それは神のまえに已れの義をたてることに他ならない。〉（三六頁）

四　二種類の「罪」と「愛」

パウロの「十字架の神学」を精緻に説き明かす青野太潮氏は、パウロ文書における「罪」について、次のように述べています。

〈…パウロも、この伝統的な贖罪論を多くの箇所で受容してはいるが、しかしそこで前提されている律法違反としての（複数で語られる）罪過とは異なって、彼自身の展開においては常に「罪」を単数で用いることによって、それ以上にもはや分割不可能な根源的な倒錯、そしてそれゆえに人間を支配するひとつの力をそこに見ている。〉（『十字架の神学」の成立』ヨルダン社、一九八九年、四六六～四六七頁）

あるいは、

〈…直接的に贖罪論的にイエスの死を解釈する伝承においては、「罪」はすべて複数で語られている…それに対してパウロが彼自身の言葉で「罪」に言及する時には、ほとんど常に単数でそれを語っている…つまり「罪」が複数で語られる時、それはあれやこれやと数え上げることのできる罪、すなわち具体的な律法違反の罪をさしているのであるが、パウロはそれに対して、もはやそのようには数え上げることなどできず、むしろ人間存在を根源的に規定している罪、それゆえ人間を支配している力としての罪のことを考えているのである。〉（同書、五〇五頁）

　ややしつこく引用しましたが、ここに語られている「二種類の罪」を整理すると、次のようになります。すなわち、①伝統的な贖罪論につながる、旧約の「律法違反」として「あれやこれやと数え上げることのできる」「複数で語られる」罪と、②「分割不可能な根源的倒錯」ゆえに「人間を支配するひとつの力」、「数え上げることができず、人間存在を根源的に規定している」ところの、パウロが常に「単数で語る」罪、ということです。そして井上神父の先の言葉で、「ファリサイ派の人」や「回心前のパウロ」の「主我的段階」として問題になった「傲慢と思いあがり」につながる「神の前に己れの義をたてる」「唯一」の「本当の意味における罪」とは、すなわち右②の「単数の罪」に同定されるのだと思います。

この二つの罪の区別は、「宗教」を「倫理」や「道徳」に直結させがちな日本人求道者にとって、重要な示唆を与えてくれているように思います。たぶん、わたしだけではないと思うのですが受洗前後、信仰を持つまでは何でもなかったことが、信仰を持った途端に気になり出す、という経験をすることがありました。

ここでわたしは本稿第一部で、有吉佐和子が一九五〇年代に、〈小説を書くようになる前から、…教会が示す戒律や規則や信者の義務を果たすことがしんどくなっていた〉（『心の琴線』一一六頁参照）と言っていたこと、あるいは井上神父が、〈殺すな、姦淫するな、盗むなといったような根本的な道徳律すら、イエスの教えのなかでは決して第一義的なものではない〉（『私の中のキリスト』二一頁）と言っていたことなどを思い出します。こうしたことを取り上げわたしは、「道徳的キリスト教」の問題点を縷々述べてきたのでした。

そして第二部では「復活」解釈をめぐって、井上神学における「罪」概念を模索しました（『すべて』第二～三章）。それらを今思い起こしながら、右の井上神父や青野太潮氏の「罪」解釈を参考にすると、わたしどもが多く「罪」と感じているものの内容は、実はパウロがいう「複数で語られる」罪、すなわち旧約の「律法違反」に相当する、「あれやこれや」の罪（々）なのではないか、と思えるのです。いわば「細則違反」の罪といってもいいかもしれません。

このことからやはり思い出すのは、繰り返し考えてきた「為す愛」と「為さざる愛」に関する問題です。わたしが、受洗後の一九八〇年代前半、「為す愛」にとらわれていたことはすでに詳述しました。しかしそこでわたしが勝手に想定した「為す愛」の内実というのは、右の罪の二分類に類比すると、いわば「複数で語られる愛」――「細目的な愛」――「あれもしなければ、これもしなければ」という気持ちに「焦る愛」だったのではないだろうかと思うのです。

五 〈善いサマリア人〉に続く〈マルタとマリア〉

本書第八章で〈善いサマリア人〉について触れましたが、『ルカによる福音書』ではそのすぐ後に〈マルタとアリア〉（一〇章三八～四二節）の話が続いています。イエスをもてなすために忙しく立ち働くマルタと、イエスの足下に座って話をじっと聞こうとするマリアの話です。

実は、〈善いサマリア人〉とそれに続く〈マルタとマリア〉のつながりについて、だいぶ以前に直接井上神父に聞いたことがありました。それは、〈善いサマリア人〉と〈マルタとマリア〉の二つのペリコーペの連続に『原ルカ』以後の編集――順序の入れ替えや、間にあった他のペリコーペの削除など――の手が加えられたか、どうかということです。

なぜ、こんな質問をしたのか、といいますと、はじめて〈善いサマリア人〉を読んだ（聞いた）とき、わたしたちはどう思うだろうか、と考えてみたのです。少なくとも、わたしが最初に思ったのは、以前受け持った「倫理」授業の生徒と同じく「とても自分は、このサマリア人のようにはできない」、ということでした。多くの読者も同じように思うのではないか、そしてそのことを福音記者ルカもわかっていて、それゆえに直後、〈マルタとマリア〉を置いたのではないか、とわたしは推測したからです。

この話のマルタは「行いの愛」を、マリアは「心の愛」を象徴している、とよく言われます。わたしの言葉を使えば前者が「為す愛」、後者が「為さざる愛」ということになると思います。そして、直前の〈善いサマリア人〉を読んだ読者が短絡的に、「行いの愛」＝「為す愛」に走ろうとするかもしれない、そのこと（の危険性、と言ったら過言でしょうか）をルカは知っていた。知っていたからこそ、（どちらかと言えば）「心の愛」＝「為さざる愛」を促すこの〈マルタとマリア〉のペリコーペを即つなげたのではないか、というのがわたしの想像です。

多分に勝手な想像とは思いますが、先のわたしの質問に神父は、〝『原ルカ』以降に、編集の手は加わっていない〟と答えるとともに、わたしの「想像」にも、

〝なるほど〟と言ってくれたのでした。

本稿でも〈善いサマリア人〉を「行いの愛」「為す愛」に直結させることの危険については既に述べましたが、わたしやマルタの「あれもしなければ、これもやらなければ」という焦りは、やはり「複数で語られる愛」――「細目的な愛」へのこだわりから出たものだったのではないか、と思うのです。そしてそのときは、細目的な愛の律法に違反しているという意識はあっても、その根本を問うような――単数で語られる、「根源的な倒錯」としての罪という問題意識は、希薄だったのではないだろうか、とも思うのです。

六　ヨブの回心

自己中心の主我的段階にいる人間は、常に罪の危険にさらされ、「人を裁く」ことになります。これに対し無我的段階とは、「神のまえに自分が相対化される世界であり、自分が従となり、神が主となられる世界」、「我に死んで真の自己に生きる世界」です。ファリサイ派パウロの回心体験とは、この主我的段階から無我的段階へ、自分が主から従へ、「我に死んで自己によみがえる転換」だったのだと、井上神父は言います（三六頁）。

このあと神父は、旧約聖書の『ヨブ記』をたどって、パウロの回心をさらに深く探ります。それは『ヨブ記』が、「苦」の問題をめぐって、

〈主我的段階から無我的段階への宗教的生の深まりを示している不朽の名作である〉（三七頁）

と、井上神父は考えるからです。

『ヨブ記』はしばしば、人の善悪に神の正義が対応しているかを問う「神義論」を展開しているといわれますが、神父は著者が当時のユダヤ教に根強い「因果応報的」「御利益宗教的」な考え方に「反論」しているのだといいます。「こんな罰を受けるようなことはしていない」と主張するヨブも、「いや、気づかないうちに何らかの悪事を働いた罰なのだ」と説く三人の友人も、根本は同じ因果応報・御利益宗教的発想に立っています。この段階のヨブ――「我」が粉砕される前のヨブは、主我的段階に留まっていたのだと、井上神父は考えます。

かつてわたしは、この『ヨブ記』について、拙著に次のように書きました。少し長くなりますが、再掲させていただきます。

【神は答えず】

ヨブ記読む木蓮の花明りかな　大隅圭子　（『福音歳時記』四月）

旧約聖書におさめられている『ヨブ記』――ヨブという善人が次々と災難に遭

い、「なぜ、自分は何も悪いことをしていないのに、こんな目にあわなければならないのだろう？」と悩む物語です。

一たす一は二、人間真面目に努力すれば必ずよい報いがある。そういう因果応報的な発想がわたしたちの日々のやる気を支えている、というところがたしかにあります。ですから、突然の事故や病気に遭遇したとき、わたしたちは愕然とし、そして憤慨するのです――「なんでこのわたしがこんな不幸な目にあわなければならないのか……」、「なんであんないい人が早死にするのか……」と。『ヨブ記』のテーマは、民族や時代をこえて語られてきた、人類普遍の問いといってよいでしょう。

『ヨブ記』は難解だとよくいわれます。その難しさは、右の問いに対する答えがはっきりとは示されていない、という点にあります。

ヨブが友人たちと議論を重ねていくと、突然神が次のように答えます。

主は嵐の中からヨブに答えて仰せになった。／／これは何者か。／知識もないのに、言葉を重ねて／神の経綸（国を治め整えること）を暗くするとは。／男らしく、腰に帯をせよ。／／わたしはお前に尋ねる、わたしに答えてみよ。／／わたしが大地を据えたとき／お前はどこにいたのか。／知っていたというなら／理解していることを言ってみよ（三八・一〜四）。

このあと延々と、さまざまな自然現象や人事について、「〜を知っているか？」「〜ができるか？」と神の詰問が続きます。そしてとうとう、ヨブは神に降参します。

わたしは軽々しくものを申しました。／どうしてあなたに反論などできましょう。／わたしはこの口に手を置きます（四〇・四）。

……………
あなたは全能であり／御旨の成就を妨げることはできないと悟りました。／あなたのことを、耳にしてはおりました。／しかし今、この目であなたを仰ぎ見ます。／それゆえ、わたしは塵と灰の上に伏し／自分を退け、悔い改めます（四二・二、五〜六）。

しかし「主（神）」は、「善人がなぜ苦しむのか？」という疑問に一般的な答えを提示してはいないのです。ヨブはただ彼の実存において、全能の神の前に右のように応じて黙したのだと思います。そして神はヨブが「正しく語った」（四二・七参照）と認めます。一たす一は二のはずだ、という人間の思いこみや傲慢を捨て、自らの実存のなかで神に人生をゆだねること、『ヨブ記』はそう教えているのではないでしょうか。

掲句、夕暮れどき「木蓮」の咲く窓辺で『ヨブ記』に読みふける作者。その「花明り」にふと気づいたとき、『ヨブ記』から彼女なりの解答を得たのかもしれません。「かな」には独自な感動が込められています。（『俳句でキリスト教』サンパウロ、二〇〇五年、三二〜三五頁）

――――

「一たす一は二」という合理主義的考え方を人生に持ち込むとき、わたしたちは「因果応報」「御利益宗教」的人生観を持つようになるのだと思います。「主（神）」が、神義論に対して、「一般的な」――合理主義的な答えを提示せず、ヨブが神の前に「黙した」という所に、因果応報説・御利益宗教に対する著者の批判が込められているように思います。この合理主義的な「思い込みや傲慢を捨て」て、「実存の中で神に人生をゆだね」よう、というのが、右のエッセイの趣旨です。

井上神父によれば、この転換が起こった時、ヨブは主我的段階から無我的段階に移ったことになります。

〈私の理解によれば、初めの頃のヨブは確かに信心深かったけれども、まだ神と出会って己れの「我」が粉砕されるという体験を持っていなかった。即ち、主我的段階にとどまっていたのである。それが、さまざまの苦悩をへて、遂に「神の前に悔い改める」、すなわち無我的段階へと入ったのである。〉（三九頁）

神父は、主我的段階から無我的段階へ転換するためには、「神と出会って己れの『我』が粉砕される」――自我が砕かれるという体験が必要だと言っています。

七　〈金持ちの男〉

ここでわたしはさらに、『マルコによる福音書』一〇章にある、〈金持ちの男〉の話を思い出すのです。井上神父は『キリストを運んだ男』の中ではこのペリコーペについて触れていないのですが、かつてわたしは、勤務校の「世界文化史」という授業のなかで、生徒に次のように解説したことがありました。まったく聖書の予備知識がないことを前提とした、高校生向けのものではありますが、今度は当時の原稿から抜粋させていただきます。

――――

（『マルコによる福音書』一〇章一七～二七節を引用）――「ある人が（イエスの所に）走り寄って、ひざまずいて尋ねた。」（一七節）という記述からは、この人のそのときの気持ちが察せられます。

かなり焦りというか、せっぱつまった感じです。

また、「ひざまずいて」というのですから、この人はイエスを尊敬していたんでしょうね。

今まで話したことはなかったんだろうけど、うわさで伝え聞いたりしてイエスのことはだいたい知っていた、すごい人らしい……そんな感じでしょう。

そして呼びかける、「善い先生！」と。やっぱりイエスを尊敬していたことを思わせる言葉です。

ところが、イエスはこの呼びかけに対して、「なぜ、わたしを『善い』と言うのか。神おひとりのほかに、善い者はだれもいない。」（一八節）と答えます。

このイエスの最初の反応は、どうだろう？

すぐ思いつくのは、イエスの謙虚さ、謙遜ってことだね。

「自分は『善い先生』などと呼ばれるほどの者じゃないよ……」という、偉い先生だからこその謙虚さ——。

ただぼくは、それだけのことなのかな？　と勘ぐっちゃいます。

何かもう少し深い意味が隠されてやしないか……どうだろう？

……

このイエスの否定の言葉をもう少し、つっこんで考えてみたい。単にイエスの謙遜の思いから発した言葉じゃない、ということをね。

それで、この場面をもう一度、想像してみましょう。

「ある人」はイエスに「走り寄って」、「ひざまずいて」いきなり、「永遠の命を受け継ぐためには、何をすればよいのでしょうか」といいます。

……

きっとこの「ある人」は、すごく真面目で一途な人だったんでしょう。

それはこの後の一八～二〇節あたりのイエスとのやりとりからもわかります。

人生、いかに生きるべきか、ってことを真剣に考えていたんだろうね。

だからこそ、ともかく早くその解答を「善い先生」に教えてもらいたい、そういう気持ちが強かったんでしょう。

「ある人」は、神の掟をいっしょうけんめい守って、幸福をつかもうとしました。

原文一九節の、「殺すな、姦淫するな、盗むな、偽証するな、奪い取るな、父母を敬え」っていうのは、「モーセの十戒」といって、キリスト教が出てくる母胎となったユダヤ教では、基本中の基本の掟です。

ユダヤ教というのは、こういう掟＝「律法」を怠りなく守ることで、救いにあずかれる、って信じている宗教です。

でもこうした掟をいくら生真面目に守ってみても、どうも今ひとついきいきした充実感がない……。先祖代々の掟をしっかり守れば救われる、と言われてきたのに、どうもちがう感じがする……、とても正直で、誠実な青年の気持ちです。

でもなんでだろう？

ここからはぼくの読み、解釈になるわけだけれど、それは根本的に、自分がいっしょうけんめい掟を守ろうとすればするほど、「おれがこの掟を守る、おれが頑張る、おれ、おれ……」という「おれ」意識にがんじがらめになっちゃっていたんじゃないかと思うんです。

まじめに人生を考えよう、もっといきいきと生きていきたい、そういう希望を持つからこそ、一生懸命頑張る。でも頑張れば頑張るほど、「おれ」が頑張ってる、自分が努力している、という意識＝「おれ」意識にかたまっちゃう。まわりで人が倒れていようが、目に入らない……そこに根本の問題がある。なんか哀しいけど、これがぼくたちの現実なんじゃないかな、って思う。

この「ある人」はそういう意味でぼくたち人間の代表といってもいいんじゃないかな、と思えてくるんです。

そこで、「善い先生！」という彼の呼びかけに対して、イエスが「わたしはそういう者じゃないよ」って否定したのがジャブだとすれば、二〇節、彼が、「先生、そういうこと（掟）はみな、子供の時から守ってきました」と胸を張って答えたのに対して、今度は二一節、イエスが、「あなたに欠けているものが一つある。行って持っている物を売り払い、貧しい人々に施しなさい」っていうのは、ノックアウト。つまり、「ある人」＝「金持ちの男」の「おれ」意識＝自我（自己）中心性をイエスがたたいた、ということじゃないだろうか。

でもね、「金持ちの男」に意地悪したんじゃないと思う。

それは、二一節の「イエスは彼を見つめ、慈しんで言われた」という言葉からも明らかだ。

この男を思いやって、彼の「おれ」意識、自我にジャブをかまし、ノックアウトしたんだと思うんです。

そういうふうに、ぼくはこの話を読んでいます。


ぼくたちはいつも、なにかにしばられている感覚とか、将来への不安、そういうものから自由になることを願っていないかい。どんな高尚な哲学を持ってきてもこの現実は否定しようもない。

〈その人はこの言葉に気を落とし、悲しみながら立ち去った。たくさんの財産を持っていたからである。〉（二二節）

この話でイエスは、結果的に彼を突き放したように終わっているけど、そうじゃないと思う。

「イエスは彼を見つめ、慈しんで言われた」という言葉には、この男はけっきよく財産を捨てられないないだろう、ってことをイエスが十分承知していた、というニュアンスも含まれているんじゃないかな。

それでも、この男に自分の中の「おれ」意識に気づかせる必要があった。そうしなければ、この人にほんとうの幸せはこない、そう思ったんだろうね、イエスは。

この男が無意識にこだわっていた「おれ」意識。それは、「財産を捨てろ」といわれて、やっぱり「捨てられない」財産へのこだわりとして顕在化（表面にあらわれること）、意識化された。気づかされた。…（「『おれ』意識──自己中心性の問題」より、二〇〇八年）

このペリコーペは、ヨブに病を契機とした自我粉砕体験があったように、この「金持ちの男」にも、イエスによって自我中心性への気づきが与えられたことを述べているのだと思います。

八　福音記者の編集意図

ちなみに、このペリコーペの並行箇所を含む各福音書の前後の構成は次のようになっています。

『マルコ』一〇章以下	『マタイ』一九章以下	『ルカ』一八章以下
離縁について教える	離縁について教える	「やもめと裁判官」のたとえ
子供を祝福する	子供を祝福する	「ファリサイ派の人と徴税人」のたとえ
金持ちの男	金持ちの青年	子供を祝福する
イエス、三度自分の死と復活を予告する	「ぶどう園の労働者」のたとえ	金持ちの議員
ヤコブとヨハネの願い	イエス、三度死と復活を予告する	イエス、三度死と復活を予告する

この表を眺めてみますと、件の〈金持ちの男（青年または議員）〉は、三福音書とも〈子供を祝福する〉の直後に置いています。歴史的には『マルコ』が一番古いので、マルコの編集に『マタイ』と『ルカ』がならったもの、うがった見方をすれば、これら二つのペリコーペをつなげた福音記者マルコの編集に、マタイやルカが同意したということだと思います。

では、この二つのペリコーペの「つながり」にはどんな編集意図があるのでしょう。先にわたしは〈善いサマリア人〉と〈マルタとマリア〉の「つながり」の意図を想像してみました。同じように、以下はわたしの推測でしかないのですが、アッバ神学を学ぶ者として、次のように編集意図を考えてみました。

すなわち、〈金持ちの男〉に上に述べたような、自己相対化の契機を促す意図があったとすれば、その直前にある〈子供を祝福する〉は、その意図への導入、同意、強調、あるいは補足する意味があったのだろう、と。

『ルカによる福音書』における〈金持ちの議員〉は、《「ファリサイ派の人と徴税人」のたとえ》と同じ一八章に、〈子供を祝福する〉を挟んでその後に配置されています。この編集にも大事な意図を感じます。

井上神父は「幼子の心・無心」と題した『日本とイエスの顔』第八章で、次のように語っています。

〈ルカがこの話（〈金持ちの議員〉）を、先程も引用した〝取税人とパリサイ人の神殿での祈り〟のたとえ話と、童心に帰ることをすすめたイエスの言葉とのすぐ後に置いているということを、私たちは見のがしてはなりません。ルカがこの金持の役人の話を、前の二つの話と連関したものと考えていることは明らかなことだといえます。だからこそ、ルカはこの三つの話を一八章に並べて編集するという作業をおこなったのだと思います。そう考えれば、この話の中心点は、持ち物を全部売り払えという点にあるのではなくて、いちばん最後の〝人にはできない事も、神にはできる〟というイエスの言葉にあることがわかります。〉（二一一頁）

九　「幼子の心」と自己相対化

一九八〇～八一年にかけて、井上神父の『日本とイエスの顔』の輪読会に出ていた頃（『すべて』「プロローグ」参照）、この「子供」の態度が推奨されているのは、その純粋無垢な子供のイメージではなく――子供は子供なりのエゴイズムを持っている――そのストレートな他者依存性にある、と聞いてショックを受けたことを思い出します。若かったわたしには、他者依存――人に甘えるということが、どうにもマイナスのイメージでしか捉えられなかったからです。

しかし「子供」の他者依存性――「幼子の心」は自己絶対化たるエゴイズム（罪）をこえた自己相対化と密接に関係します。

〈①弱ければ弱いほど、みじめであればあるほど、不完全であればあるほど、神はその人を愛してゆたかな恵みを下さるのだ。②童心に立ち返って、只ひたすらにこの神の深い憐れみの愛を信頼すること──それだけでよいのだ。③エゴイズムや汚れなどというものは、神のふところに飛び込みさえすれば神がご自身できれいにしてくださるのだ。〉(『私の中のキリスト』七三〜七四頁、番号平田)

これは、すでに引用した井上神父の言葉ですが、晩年に「わたしの人生はテレジアに始まりテレジアに終わる」と神父に言わしめた、リジューのテレジアの霊性──「童心・赤子」の道が、端的に示されています。

この機会にこの言葉を使って、井上神学──アッバ神学における「幼子の心」と自己相対化との関係を確認しておきたいと思います。

①「弱ければ弱いほど、みじめであればあるほど、不完全であればあるほど、神はその人を愛してゆたかな恵みを下さる」とは、

〈わたしが来たのは、正しい人を招くためではなく、罪人を招くためである。〉(『マルコによる福音書』二章一七節)

というイエスの言葉を思い起こさせます。それは、

〈悪人にも善人にも太陽を昇らせ、正しい者にも正しくない者にも雨を降らせ

てくださる〉（『マタイによる福音書』五章四五節）

アッバなる方の、無条件・無制限の「ゆるし」を意味しています。

②この「ゆるし」「愛」「恵み」をいヽたヽだヽくヽたヽめヽにヽはヽ、「童心に立ち返って、只ひたすらにこの神の深い憐れみの愛を信頼すること」、ただ「それだけでよいのだ。」

今わたしは「いただくためには」と書きましたが、ここで気をつけなければいけないのは、②が①の必要条件になっているのではない、ということです。なぜならば、①で見たように、アッバの「恵み」「ゆるし」――「愛」は、文字通り「無条件・無制限」なのであって、こちら側――人間の態度によって、それに応じて変わるものではないからです。

一〇　「信仰義認論」とアッバ神学

この辺りのことは「信仰」と「行い」についてすでに述べたことと関連してくるのですが、パウロは、

〈不信心な者を義とされる方を信じる人は、働きがなくても、その信仰が義と認められます。〉（『ローマの信徒への手紙』四章五節）

と言います。「働きがなくても信仰がある」というとき、「働き（行為・律法）」に代わる「信仰」があれば「義」＝正しい者とされるのだ、という意味で「信仰義認」が語られることがありますが、この聖句ではそうは言っていません。まず根本原理として、アッバは「不信心な者を義とする」と宣言しているのです。「不信心な者」（アセベー）とは、まさに「不敬虔な者」、「信仰すらない者」であり、なかには、「神を神とも思わない者」、「神なき者」などと訳している解説書もあります。つ

まりそもそもが、その人の「働き」（行い、律法）も「信仰」すらも問題にせず、無条件・無制限にゆるされる、ということを宣言しているのです。

その上で、そうした無条件・無制限の「ゆるし」をお与えになる「方を信じる」――神、アッバはそういう方なのだ、ということを認め、受け入れ、信頼する時――「信じます。信仰のないわたしをお助けください。」（『マルコによる福音書』九章二四節）を想起！――その「信仰」（信頼）が「義」とされる、ということなのです。

先にも紹介した、パウロの「十字架の神学」研究で知られる青野太潮氏は、次のように述べています。

〈なぜならば、パウロの信仰義認論は、神なき不敬虔な者を、たとえ働きがなくても、行ないがなくても義とされる神の意志に基づいているのであって、信仰とはただその神の意志を受容することを意味しているからである（ローマ四・三以下）。つまり、神が義と認められるのは、その弱さと罪深さ、足りなさのすべてを内に含んだままの人間そのものなのであって、そのいわば陰の部分を取り除いた「良質」の部分だけを義と認められるわけではないということが、そこでは意味されているのである。このことは、神はまさに人間の弱さのうちに働かれるということとひとつであるということと同時に、将来の完全な救いが何か現実の弱さを担った生身の人間とは質の異なった存在を指示するのでは決してない――もちろんパウロの考える将来の救いが、生身の人間と同じ肉体を伴っているなどという意味ではもちろんない――ということをも意味しているのである。〉（『「十字架の神学」の成立』ヨルダン社、一九八九年、一一九～一二〇頁）

とくに『ローマの信徒への手紙』四章五節を中心にパウロの「信仰義認論」を語る青野氏の考えは、アッバ神学を補強してくれるもののように思います。というのは、右に述べた意味での「信仰義認論」――「人をダメにしてしまうかもしれない可能性を持つ程に無条件で徹底的な神のゆるし」（同書、三六四頁他）、「しかり」を与える神を信じるということは、まさに「アッバ」と呼ばれるにふさわしい母性原理の神に信頼することだからです。

前述のとおり井上神父は、『ルカによる福音書』一八章の三つのペリコーペの並び方を見据えて、〈金持ちの議員〉の「中心点」は、

〈人にはできない事も、神にはできる〉（二七節）

――人の知恵にはどんなに不可能と思えることも、神には可能なのだ、というイエスの言葉にあると結論づけました。そのことと、神が、右の「信仰義認論」にあるような、無条件・無制限の「ゆるし」を与える母性原理の神――アッバであるということとを考え合わせるならば、次のように言うことができるのではないでしょうか。すなわち、わたしたちは安んじて、自らの思い込み――「エゴイズムに汚れているこんなわたしではダメだ」という恐れをこえて、「童心・赤子」の心に帰り、その点ではテレジアのように、いわば大胆に、図々しく、このダメなわたしをアッバにお任せしてよいのだ、と。

そして（前項②に続き）、

③そのとき、わたしたちの「エゴイズム（利己主義）や汚れ」は「神がご自身できれいにしてくださる」というのです。これは、主我的段階から無我的段階へと自己相対化がはかられていくことを意味します。これこそまさに、「南無アッバ」への道です。

「幼子の心」と自己相対化との関係は、以上のように説明することができると思います。

一一　「人を裁く」ことの問題点

パウロの回心――「主我的段階」から「無我的段階」へ――を考えるために、旧約聖書から『ヨブ記』、新約聖書から〈金持ちの男〉ほか、いくつかのペリコーペに触れてきました。少し補足します。

件の『ルカによる福音書』一八章《「ファリサイ派の人と徴税人」のたとえ》でイエスが批判したのは、「こんな駄目な人間（徴税人）とは私はちがうのだ」という「ファリサイ派」の「人を裁く姿勢」――悲愛の欠如ということでした。

そして井上神父は、

〈イエス自身とファリサイ派との衝突の原因はまさにそこにあったのである。〉（三三頁）

と言っています。

「人を裁き」、人に石を投げるということは、もちろん良くないことですし、それが「悲愛の欠如」であることは、まったくそのとおりです。ただわたしたちは日々の生活の中で、たいていは口に出さないまでも、しばしば人を裁いてしまっているように思います。「裁くな」と言われても無意識に裁いてしまう、そこにいかに罪――エゴイズムが根強いものかを感じるわけですが、ここでもう少しわたしなりに、青野（太潮）神学にヒントをもらいながら（多分に我田引水的になるかもしれませんが）、考えてみたいと思います。すなわち、なぜ、そこまでイエスは「人を裁く」ことを嫌ったのか、ということをです。

本稿第三部（本書）では件の《たとえ》について井上神父の著書をほぼ時系列的に見てきたわけですが、処女作『日本とイエスの顔』において、すでに井上神父は、「神に代わって」「人を審（裁）く」ことこそ、イエスが最も嫌った姿勢であると強調していました。それを受けてわたしは、

〈他者を審かないことが、イエスのいう正しさであり、それは「ひかえ」の姿勢そのものです。〉（第一章二）

と述べました。

なぜ「裁いてはいけない」のか、わたしの言葉で言い換えれば、なぜ「ひかえ」の姿勢が奨励されているのか、『キリストを運んだ男』では井上神父は次のように述べます。

回心前のパウロに見られるように、「自分のために神を求めている」主我的段階にある者は、一生懸命ではあるが、ややもすると、〈天に代わるという、傲慢と思い上がりのもっとも大きなあやまち、罪の状態に陥るおそれがある。パウロによれば、本当の意味における罪とは唯一つしかない。それは神の前に己れの義を立てることに他ならない。〉（三六頁）

――これが青野氏のいう「単数で語られる罪」だったわけです。つまり主我的段階にとどまる限り、知らず「傲慢と思い上がり」の「自己義認」が増していき、いつのまにか「神に代わり」「人を裁く」、そこに本来の罪があるということです。だから自己中心から自己相対化、宗教的には主我的段階から無我的段階への移行という、回心が必要になるのです。

一二　根底に神の「しかり」と「無条件のゆるし」

ここで少し突っ込んで、というより素朴な疑問として考えると、「神に代わって」「人を裁く」とはどういうことでしょうか。

「アッバ」なる神の本質は「悲愛」であり、したがってアッバは、〈悪人にも善人にも太陽を昇らせ、正しい者にも正しくない者にも雨を降らせてくださる方〉（『マタイによる福音書』五章四五節）

であり、

〈不信心な者を義とされる方〉（『ローマの信徒への手紙』四章五節）

であったわけです。それゆえに、

〈人の子らが犯す罪やどんな冒瀆の言葉も、すべて赦される。〉（『マルコによる福音書』三章二八節）

とイエスは断言されたのだと思います。しかし、その根底にある「無条件・無制限のゆるし」を越えて、ファリサイ派であれ誰であれ、人が人を裁こうとするとき、それはアッバの本質である「悲愛」を認めないこと、引いてはアッバを否定することになるのではないでしょうか。

この「無条件・無制限のゆるし」の「福音」は「無条件・無制限」ゆえに万人に開かれています。「そんなことはない。律法をしっかり守らない――井上神父の表現を使うなら『神様の顔に泥を塗っている』やからにまで、そんな都合のいい話はない」とファリサイ派は考えたかもしれません。しかし事実は、神父が『ルカによる福音書』一八章の三つのペリコーペを検討しつつ〈金持ちの議員〉の「中心点」として述べたとおり、「人にはできない事も神にはできる」――この文脈で言えば、金持ち（でさえ）も神の国に入ることができるのです。誤解を恐れず言うなら、「そんな都合のいい話」であるからこそ、驚くべき「福音」（良き知らせ）と呼べるのではないでしょうか。

それゆえ、自他を分別し、自らを「ファリサイ」（分かたれた者）として「義人」「神を恐れる者」とし、律法を守らない（守れない）者を悪しき罪人として「裁く」

ことは、アッバの御心から最も遠いことになります。反対にイエスは、また井上神父の愛するテレジアは、このように誰をも「裁くことなく、まず受け入れる」（風の家の祈り）母性原理に立つアッバを見事に見抜き、「赤子・童心」「子供心」をもって、安心してアッバに甘えることを奨励したのでした。

根本にアッバの「無条件・無制限のゆるし」、神の「しかり」があるということ、そして「裁く」ことは、その「しかり」の否定であるということ、このことを青野神学から学んだわたしは、アッバ神学＝井上神学の「悲愛」ということも、よりよく理解できるようになったように思います。

さらに言えば本稿では、「本来の罪」＝エゴイズムの問題や「自己相対化」の必要を井上神学から学んできたわけですが、それらもまず神の「しかり」、アッバの「無条件・無制限のゆるし」が根底にあって、その上で問題になってくるものなのだ、ということも改めて知ったのでした。したがって、ここまで『キリストを運んだ男』で見てきたような、主我的段階から無我的段階への移行ということも同じく、神の「無条件・無制限のゆるし」が大前提になっているということです。

井上神父は『わが師イエスの生涯』の中で、

〈福音書は、生前から死後の「復活者顕現物語」まで、まさに一貫して、（アッバ、またそれを体現したイエスの）ゆるしのまなざしによる、弟子たちや人々の回心の物語である。〉（一九〇～一九一頁他）

と言っています。それゆえに、イエスの弟子たちがどのように「回心」したか、引いてはわたしたちがどのように回心に導かれるのか、が福音書（新約聖書）の「実践指導書」（『日本とイエスの顔』）としての大切な意味になるわけです。しかしそのためにはまず、この定義の前半、「アッバのゆるしのまなざし」をしっかりと押さえていなければならないのです。

そこで今ふりかえれば、わたしが井上神父と出会い、洗礼を受けてから後も、「為す愛」の倫理問題などで心が揺れていたのは、このアッバの「無条件・無制限のゆるし」、神の「しかり」への信頼が不十分であったから、とも言えるのです。

一三　「回心」を振り返る

井上神父は『キリストを運んだ男』第二章で、『ルカによる福音書』二三章や『使徒言行録』七章、同九章などを引用し、福音記者ルカの意図をたどりながら、パウロの回心への道を次のように推測します。すなわち、『使徒言行録』にあるようなパウロの決定的回心――それはルカの文学的脚色を含むとしても――には、なんらかそれを「準備」する期間、出来事があったはずである。その最大のものが、ステファノの殉教にパウロが立ち会ったというルカの記事にある、と。

〈ルカは、死の場面でのイエスの言葉と姿勢にステファノのそれを重ね合わせることによって、一体何を言いたかったのだろうか。パウロは、自分が迫害していたキリスト者の姿と重ね合わせにイエスの生き方を見、そこにおいてイエスの悲愛の真髄にふれたのだ、ルカはそう言いたかったのではないだろうか。〉（四七

頁）

これが「第二章　ファリサイ人と徴税人の祈り」の結語です。

さらに神父は、次の「第三章　回心への道程《みちのり》」に入って、パウロと「同種の体験」を「自分の中で想像力を使って拡大」することにより、パウロの回心の過程に迫ろうとします。そこで例の「リヨンの回心」体験が述べられるのです。これについては、井上神父の他の著作でも度々取り上げられていますが、本稿においても件の《「ファリサイ派の人と徴税人」のたとえ》を追っていく大きなきっかけになった重要な体験ですので、この本からも該当箇所を改めて引用してみたいと思います。

〈今からもう三十年以上もまえのことになるが、私は大学を卒業してフランスに渡り、カルメル会という修道院で生活していたことがあった。カトリック教会に入信してからそう長い歳月がたっていないこともあって、ファリサイ派にも似た〝頑張リズム〟の生活を送っていた。全身の努力で、人はかくなければならないという道を走っていたような気がする。今から振りかえれば、まことに気恥ずかしいような、またいとしいような思いがするのであるが、とにかくそのときは一生懸命で、倒れてのち止まん、というような意気込みであった。しかし時がたつにつれて、何かある空しさというか、あせりというか、精神的な息苦しさというか、うまく言葉では表現できないが、何かそういった鈍い痛みのようなものが私の心をとらえていった。それはちょうど、走っても走っても追いかけてくる自分の影法師からのがれようとする努力にも似ていた。私は、更に自我との戦いへの努力に拍車をかけた。それでもなお何か、向こう側からどかんとぶつかってくる壁にであわないといったようなむなしさに追いかけられていたのである。私が先ほどの「ルカ福音書」一八章のイエスのたとえ話に出会ったのは、まさにそのようなときであった。〉（五〇～五一頁）

すでにわたしは、この井上神父の回心体験を、『日本とイエスの顔』（一九七六年）や『余白の旅』（一九八〇年）などから取り上げ、その「強烈」で「深い」「衝撃と不安」に焦点をあてて分析を試みました。一方、右の引用箇所では、むしろその決定的な回心に至る前の精神状態が、神父自身によって詳しく語られています。それは、「人はかくなければならない」という「ファリサイ派」的「〝頑張りズム〟の生活」のなかで感じる「空しさ」「あせり」「息苦しさ」であり、また「鈍い痛み」を伴うものだったといいます。

しかしその苦しかった日々を「今」（一九八六、七年）振り返ると、「気恥ずかしくも、「いとしいような思いがする」とも言っています。おそらくそれは、処女出版である『日本とイエスの顔』から一〇年を経て、念願の「風の家」を立ち上げられたことによる安堵感のなかで、三十有余年前の「頑張リズム」の若き日々を客観視し、静かに受け入れている証左であると思います。そして同時にそれは、あの苦闘の日々から回心を経て今日に至るまでの、日本人キリスト者としての課題――自ずから心の琴線に触れるイエスを求めていくという長い旅路のはじまりを、「初心忘るべからず」として常に心に刻んでいる証拠でもあるのではないでしょうか。

一四　三者の祈り

この回心体験を振り返りつつ井上神父は、パウロの「回心への道程」を推測していきます。

〈律法に熱心であればあるほど、忠実であればあるほど、ある種の不安にも似たむなしさが、意識の奥からはいあがってくる気配をパウロは感じていたにちがいない。〉（五一頁）

パウロのこの「不安にも似たむなしさ」は明らかに、ヨーロッパにおける修道士・井上が感じていた「あせり」「空しさ」と二重写しになっています。テレジアの境地を求めてはるばるフランスに渡り、修行に励みながらも、どこかでその努力が空回りしている「空しさ」。それは人一倍、律法の実行に励みながらも、ついには神との出会いにまで至らなかったパウロの「むなしさ」に通じるものと考えられます。

その根本原因は、「からだの中の罪の律法」、「常に自己を主として生きんとする、いわば業のようなもの」にあると、神父は分析します。これがまさに、青野氏や井上神父が指摘した、「主我的段階」において「人を支配する」「根源的な倒錯」としての「唯一」の「本当の意味における罪」の問題なのだと言えましょう。

こうして、律法に熱心である程わきあがる「むなしさ」――「律法において、神に出会い、相対化されえなかったもどかしさ」を感じていた迫害者パウロは、ステファノに象徴されるキリスト者たちの殉教を目の当たりにし、一八〇度の回心に導かれます。それはパウロが、こうした信者たちの、すなわちパウロが迫害してきた人たちの生きざまをとおして、「イエスの悲愛の精神にぶつかった」からである、と神父は言います。

〈そのときパウロは、迫害しているキリスト者のなかで、自分に怨みや呪いを投げかけてくるのではなくて、あのイエスのような、またステファノのような祈りを神にむかって捧げる信徒に出会ったのではなかっただろうか。〉（六八頁）

ルカの示した文脈から井上神父は、機が熟した迫害者パウロが出会ったのは、自分が迫害している当のキリスト者の、思いもかけぬ祈りであり、それは遡ってステファノの、そしてイエスの悲愛の祈りだったと推測するのです。

〈張りつめられた糸はいつか切れる。熟した柿の実はいつか地に落ちる。律法という神の意志を自らの背に荷い、律法を守らない者、駄目な者を片っぱしから裁き続けてきたパウロは、ふとあるとき、自分の歩んできた道の後ろに、パウロに無残に切り捨てられながらも、なお「罪人の私ですがどうぞよろしくお願いします」という、あの「ルカ福音書」一八章の徴税人の祈りを繰り返している人たちの、切々たる痛みと哀しみの叫びを聞いたのではなかっただろうか。そしてそれによって、それまでの自分の人生が、いっきょに足もとから、がらがらと音をたてて崩壊していくのをおぼえたのではなかっただろうか。〉（六八～六九頁）

ルカによれば、迫害者パウロが聞いた「思いもかけない」祈り――「あのイエスのような」祈りとは、具体的には、『ルカによる福音書』二三章の言葉、

「父よ、彼らをお赦しください。自分が何をしているのか知らないのです。」（三四節）＝（A）
「父よ、わたしの霊を御手にゆだねます。」（四六節）＝（B）
です。また、「ステファノのような祈り」とは、『使徒言行録』七章の言葉、
「主イエスよ、わたしの霊をお受けください。」（五九節）＝（B'）
「主よ、この罪を彼らに負わせないでください。」（六〇節）＝（A'）
です。

先に井上神父は、ルカがイエスとステファノの死の場面を重ね合わせることによって、当時の「キリスト者の姿」がパウロを回心に導いた、と言いたかったのだと推測していました（四七頁）。そしてここでは、《たとえ》にある「徴税人の祈りを繰り返している人たちの、切々たる痛みと哀しみの叫び」がパウロを回心に導いたのだ、と言っています。ということは、神父のなかでは、イエスやステファノの末期の祈りと《たとえ》の「徴税人」の祈りとが同定されているということになるのではないでしょうか。

一五　結実する「徴税人」の祈り

右のイエスやステファノの祈りのうち、AやA′は、自分を迫害する者、敵を呪うのではなく、どこまでも赦そうとする、「ゆるし」と「とりなし」の祈りです。それはいかなる人をも裁かないアガペー・悲愛の究極の表出であり、パウロの見方からいえば、「不信仰」で働きのない者を無条件・無制限に赦す（『ローマの信徒への手紙』四章五節）――義とするアッバにならう、すなわち、後に「信仰義認論」として展開される神観にもとづく祈りと言えましょう。

また、BやB′は、すべてをアッバにお任せし、「ゆだねる」南無の祈りです。

そしてこれら「ゆるし」「とりなし」「ゆだねる」祈りが、井上神父によって「徴税人」の祈り――

「神様、罪人のわたしを憐れんでください。」（『ルカによる福音書』一八章一三節）

と同定されているのです。

これら三者――イエス、ステファノ、「徴税人」の祈りを同定する井上神父の思いとはどのようなものなのでしょう。

まず、「徴税人」の祈りは、ここまで見てきたように直接的には、自分は悪い者ではあっても、すべてをアッバにお任せしよう――罪人の自覚と神に対する全幅の信頼の祈りと言えます。ということは内容的に、先のイエスの祈りB、ステファノの祈りB'につながります。

また本書では、井上神父が言及する「信仰の秘密」ということも検討しました（第二章一、第四章五、第五章六）。なぜイエスは、人を裁くこと常にして「醜い」わたしたちに、それでも悲愛を説いたのか、という問題です。そこで得た結論は、わたしたちが、「徴税人」の祈りにならい、罪の自覚とアッバへの信頼を深めるほど、「イエスの心」――悲愛へと導かれるのだ、という一事です。そこに「信仰の秘密」があるのだと。

すなわち、この「徴税人」の祈りは、罪の自覚と神への信頼における救いに留まらず、そこから、祈る者を「イエスの心」へと近づけ、人に石を投げず、人を裁かない、「為さざる愛」――悲愛へと導く、積極的な意味を持ったものだったのです。まさにその具体が、イエスやステファノの最期の祈り――他者を「ゆるし」「とりなす」祈りA・A′として表出しているのではないでしょうか。

ルカの筆によれば、イエスの祈りはA→B、ステファノの祈りはB′→A′と、順序が逆になっています。これは、アッバ神学における《たとえ》をここまで見てきたわたしなりの解釈ですが、AA′―BB′の前後関係――「ゆるし」「とりなし」「ゆだねる」関係は一方向的なものではなく、双方向相互促進の関係として捉えられるということではないでしょうか。そうであれば、わたしたちが頭を下げるほど悲愛へ、悲愛の心が増すほどまた頭を下げる、ということの裏付けとなります。

　こうして井上神父は、「徴税人」の祈りの究極的な形――悲愛の姿がイエスとステファノの最期の祈りに結実している、そのように受け取っていったのだと思います。

以上、井上神父の「わきまえ」「ひかえる」姿勢を出発点として《「ファリサイ派の人と徴税人」のたとえ》を中心に、井上神学＝アッバ神学のケノーシス的性格について考えてきました。

神父はこの《たとえ》を機会あるごとに繰り返し取り上げ、反芻し、その度に「悲愛」そのものである〝イエスのまなざし〟への思い、「南無アッバ」の祈りの道を深めていったのだと思われます。（連載第三部おわり）

あとがきにかえて——追悼辞「神父の遺言」より

井上神父様が亡くなられて、早ふた月になろうとしています。三月の通夜、そして告別式においでくださった皆様、ほんとうにありがとうございました。「風の家」運動を引き継ぐ者の一人として、心よりお礼申し上げます。

わたしは通夜の前日、白梅が咲き誇るなか、神父様にお会いしに東京大司教館に赴き、半日ゆっくりごいっしょさせて頂きました。安らかなお顔を拝見したとき、不思議とわたしには悲しみや寂しさの感覚は薄く、生前以上に神父様を身近に感じられるような——遠くから見守っていてくださるというより、もっと近く、すぐそばにいつでもいてくださるんだ、という安堵感に、ずっと包まれていました。

神父様は、とくに晩年、ごいっしょに話している時、「私にはアッバがこう言っているように思えるのだよ」という言い方をよくされていたことを思い出します。それは何か難しい問題があって、お祈りをした後の結論のようにおっしゃっていました。そうした時の神父様は、確信に満ちた聖職者というよりは、本当に一求道者として、アッバの示された道を、とぼとぼと、不器用に、素直に、幼子のようによちよち歩いて行かれる姿を彷彿とさせました。

一九八〇年の秋にお会いして以来三十三年間、わたしにはまったく気取ったところがなく、自然に接してくださる方でした。もちろんいつもはやさしかったのですが、お怒りになることもありました。それはたいてい、二人でお酒を飲んで、日本のキリスト教の問題というような話になったとき、生意気なわたしに対して発せられる叱責でした。

また、まだお元気なとき、神父様の家でいっしょに飲んでいて、調子がでてくると、いきなり「南無アッバ！」と気合を入れて立ち上がり、次の一本を奥から持ってくる、などということもありました。ともかく、神父様との多くの思い出と記憶は、たいていお酒と結びついています。今はわたしも還暦が近く、飲むとなんでもすぐ忘れてしまいますが、神父様と飲んだ時の話は、不思議と何年たっても鮮明に内容を覚えています。

ご遺体と半日いっしょにいて——あれは暖かな一日でした——帰途、わたしはバスで目白に出ず、目白坂をてくてく一人下って江戸川橋まで歩きました。風景はかなり変わっていますが、三十年前のことが懐かしく思い出されました。求道の一心で、あの坂を汗だくになりながら登って行った夏の暑い日。個人的に初めて井上神父様に会ったのが、あのカトリックセンターでした。そこでひとしきり話し込む。いま思い返すと、個人レッスンの贅沢な対面授業でした。

そして神父様の本を間にしての問答が終わると、たいてい神父様の方から「ところであなたは、今日これから予定がありますか?」と聞いてきます。もちろん神父様に会いに行くのに、わたしが後の予定を入れているわけがありません。「いえ、特に」と答えると、またにっこりして、「じゃあ、ちょっと飲みに行きますか」と誘ってくださり、目白坂を二人で下って行くのでした。

何軒もはしごする、という飲み方ではなく、一軒に長居して、とりとめのない話から、ちょっと神学的な話まで、本当に親切に、誠実に、わたしのような生意気な若者にも、分け隔てなく遅くまでお付き合いしてくださるのでした。それがすべて、わたしの学び舎でした。いま振り返っても、神父様の言う「悲愛」――人に寄り添うということを、自ら実践されていたのだなあ、とつくづく思います。あの頃の神父様の歳を越えようとしているわたしですが、とても真似することはできません。

しかし、神父様も本に書いているように、悲愛とは、イエス様の個々の行為を真似るのではなく、心の姿勢ということだとすれば、神父様がイエス様に、アッバ様に頭を下げつつ生きぬいたように、わたしも天国の神父様にたびたび頭を下げて、祈りつつ、生きていきたい。そうすればいつか、少しでも、神父様に近づけるかもしれません。有難いと思います。

井上神父様は、だんだんお身体が弱っていく中で、ゲッセマネの祈りを繰り返していました。救急車で運ばれるときも、「アッバ、アッバ、アッバ」と繰り返していたそうです。

晩年の神父様は、お話のたびに、老いの厳しさを語っていましたね。わたしのブログにもアップしましたが、二〇一一年の「風の家」二十五周年と翌二〇一二年の二十六周年の講話の中で、神父様は、老いの厳しさを語りながらも、次のようにおっしゃっていました。

「アンマン空港で聞いた男の子の『アッバ、アッバ』という叫びを、毎晩思い出しながら、ゲッセマネの祈りのように、『アッバ、アッバ』と唱えています。アッバはこういうわたしたちの祈りを必ず聞き入れてくださっていると思います。それは、今すぐどうこうとは言えないかもしれませんが、人生の最後の完成――死ぬ時に、その人にだけ、アッバが手を広げてお迎えに来てくださるのだ、そう思っています」と。

そしてさらに、「しかし、それが最後の時まで続けることができるのか、はなはだ（自分には）自信がないので、ここにおいでくださっている皆様に、わたしが最後の時まで『南無アッバ』とお祈りを唱えて、アッバのお迎えを受け入れることができるように、お祈りしていただきたいと、思います。よろしくお願いいたします。わたしも、皆様の上にアッバの安らぎがありますように、お祈りさせていただきます」と結んでいます。

この二年前のご本人の願いどおり、本当に、「南無アッバ、アッバ、アッバ」と唱えながら、アッバに迎えられたのでした。

そういう意味で、神父様はいろいろご苦労もあったけれど、最後まで皆様に支えられ、祈られ、幸せな人生を全うされたのだと思います。

葬儀後、出棺の時、ものすごい風――「春一番」が吹いてきました。私は斎場へ向うバスの中で、ずっと井上神父様をお世話くださっていた町野さんに「この強風、まさにプネウマに運ばれての出棺ですね」と言いました。

かつて二〇〇九年十二月、井上神父様が南無アッバミサの中で、「私からの遺言として聞いてもらいたい」という前置きをして次のような話をされました。それは、神父様の生涯の総決算として、これからの日本のキリスト教の方向性に対する三つの提言でした。すなわち、

①テレジアに教えられたように、神様は「アッバ」と呼べる母性原理の強いお方であるということ。

②今後は、だれでも近づきやすい「下からの神学」が大切なこと。

③自然を友とする日本人には、即自然的神観、汎在神論が馴染みやすいということ。

という三点です。

井上神父様はまた、二〇一一年七月九日に、東京教区の岡田大司教様と対談されました。お聞きに来られた方も多いでしょう。あのとき、長い対談の最後の所で、大司教様が「では、井上神父様は、今の教会は具体的に何をすべきだとお考えですか？」と聞かれました。しかし、そのとき井上神父様は、具体策を示されなかったのですね。あえてそうされたのかどうかはわかりません。僭越ながらわたし自身は、この際だから何か一つでも具体案を言われた方がいいのに、などと少々歯がゆく思ったものです。

しかし、今は、そのとき何の提案もされなかったのは、あの「遺言」を聞いたわたしたちに対する宿題をお出しになったのではないか、そう思うようになりました。すなわち、アッバの「母性原理」、「下からの神学」、「汎在神論」をキーワードに、わたしたち一人ひとりが、具体的に日本人の心の琴線に触れるイエス様を求めていきなさい、ということです。

それは何も、世間に目立つ大きなことをする、というのではなく、毎日、事あるごとに「南無アッバ、南無アッバ」と、神父様の、あの最後の実践にならって、唱えることかもしれません。各自ができることを実践する。神父様は、天国でそう望んでおられると思います。

井上神父様は、今はアッバの懐で、パウロが言ったように「顔と顔を見合わせて」「アッバ、アッバ」と唱え続け、わたしたちの人生にお力を貸してくださっていると思います。わたしたちもこの神父様にならって互いに祈り合いながら、進みましょう。

登りゆく目白坂には満開の河津桜が風に吹かれり
この坂を登りて学び下りては共に飲みにも行きたる日々よ
日本人の心に響くキリストを追いし生涯悔いはなからん
「風の家」の神父の出棺いままさに春一番はどどっと吹けり
今頃は遠藤さんと天国で一杯やってるに違いない
　　アッバ、アッバ、南無アッバ

二〇一四年四月二十六日　井上洋治神父を偲ぶ会にて

平田栄一

《平田栄一（ひらた・えいいち）》

1955年埼玉県生まれ。慶應義塾大学商学部卒。埼玉県立羽生高等学校地歴公民科教諭。カトリック俳人、求道詩歌誌「余白の風」主宰。井上洋治神父の「風の家」運動を引き継ぎ、毎月「南無アッバ」の集いと講座を続けている。

1990年層雲新人賞ほか。

〈著書〉『俳句でキリスト教』（サンパウロ）、

『雨音のなかに』、『人の思いをこえて』（ヨルダン社）、

『すべてはアッバの御手に』、『心の琴線に触れるイエス』

（聖母の騎士社）など。

〈ブログ〉「南無アッバ」を生きる

「南無アッバ」への道
−井上洋治神父の言葉に出会うⅢ−

平田栄一

2016年2月25日　初版発行

発　行　者●赤　尾　満　治
発　行　所●聖母の騎士社
〒850-0012 長崎市本河内2-2-1
TEL 095-824-2080/FAX 095-823-5340
E-mail: info@seibonokishi-sha.or.jp
http://www.seibonokishi-sha.or.jp/

製版・印刷●聖母の騎士社
製　　　本●隆成紙工業
Printed in Japan
落丁本・乱丁本は小社あてにお送りください。送料は小社負担にてお取り替えします。
ISBN978-4-88216-364-0 C0195

聖母文庫

聖霊に駆り立てられて

シリル・ジョン＝著
日本カトリック聖霊による刷新全国委員会＝監訳

国際カトリック・カリスマ刷新奉仕会評議会のメンバーであり、最も影響力のあるシリル・ジョン神父が、カリスマ刷新の重要性を力強く解説した一冊。

価格600円（税別）

親と子の信仰宣言

カトリック鶴崎教会学校＝編

「初聖体」「旧約聖書」「新約聖書」に続く親と子シリーズの第4弾！公教要理のようなスタイルで、カトリック信仰を親子で学びましょう。

価格600円（税別）

聖書を読む

トマス・マートン＝著
マリア・ルイサ・ロペス＝監修　塩野崎佳子＝訳

神の言葉とは何か。聖書とは一体どのような本なのか…その問いに迫るトラピスト会司祭マートンの、成熟した神学とユーモアに触れられる一冊。

価格500円（税別）

長崎のコルベ神父

小崎登明

コルベ神父の長崎滞在時代を数々のエピソードで綴る聖母の騎士物語。（初版復刻版）

価格800円（税別）

神への讃歌

ヴォーリズと満喜子の祈りと実践の記

木村　晟

W・メレル・ヴォーリズが紡いだ讃歌の言葉から浮かび上がる篤い信仰を見つめながら、宣教・教育活動を振りかえる。

価格800円（税別）

聖母文庫

安部明郎
私のキリシタン史
人と物との出会いを通して

人間には、そのために死んでもいいというような向があるときにこそ、喜んで生きることができる。キリシタンたちに、それがあったのだ。（ペトロ・ネメシェギ）　価格800円（税別）

水浦征男
教皇訪日物語

第1章「教皇訪日物語」
第2章「そごう百貨店の大ヴァチカン展」
他を収録。

価格500円（税別）

場﨑　洋
キリスト教 小噺・ジョーク集

この書で紹介するものは実際に宣教師から聞いたジョークを集めて綴ったものですが、それ以外にも日本で生まれたジョークや笑い話、小噺を載せてみました。

価格600円（税別）

場﨑　洋
イエスのたとえ話
私たちへの問いかけ

歴史的事例や人物、詩などを取り上げながら私たちが生きている現代社会へ問い掛けているイエスのメッセージに耳を傾けていきたいと思います。

価格800円（税別）

森本　繁
ルイス・デ・アルメイダ

本書は、アルメイダの苦難に満ちた医療と伝道のあとを辿り、ルイス・フロイスとの友情や、さまざまな人たちとの人間的な交流を綴ったものである。

価格600円（税別）

聖母文庫

森本　繁
南蛮キリシタン女医 明石レジーナ
江戸時代初期に南蛮医学に情熱を燃やし、外科治療に献身した女性が存在した。実証歴史作家が描くレジーナ明石亜矢の物語。

価格800円(税別)

伊従信子=編著
わたしは神をみたい
いのりの道をゆく
マリー・エウジェンヌ神父とともに
マリー・エウジェンヌ神父は、神が、多くの人々を神との一致にまで導くように、自分を召されたことを自覚していました。
価格600円(税別)

高橋テレサ=編著　鈴木宣明=監修
アビラの聖女テレサと家族
離れがたい結びつきは夫婦・血縁に限ったことではない。縁あって交わることのできた一人一人との絆が大切なのである。それを私は家族と呼びたい。

価格500円(税別)

レジーヌ・ペルヌー=著　門脇輝夫=訳
現代に響く声 ビンゲンのヒルデガルト
12世紀の預言者修道女
音楽、医学他多様な才能に恵まれたヒルデガルト。本書は、読者が著者と同じく彼女に惹かれ、親しみを持てるような研究に取り組むものである。
価格800円(税別)

崎濵宏美
石蕗の詩(つわぶきのうた)
叙階25周年を迎えた著者は、長崎県五島生まれ。著者が係わりを持った方々への感謝を込め、故郷から現在に至る体験をエッセイや詩で綴る。

価格500円(税別)

聖母文庫

ハビエル・ガラルダ
こころのティースプーン（上）
ガラルダ神父の教話集

東京・雙葉学園の保護者に向けてガラルダ神父がされた講話をまとめました。心の底に沈んでいる「よいもの」をかき回して、生き方に溢れ出しましょう。価格500円（税別）

ハビエル・ガラルダ
こころのティースプーン（下）
ガラルダ神父の教話集

イエズス会司祭ガラルダ神父が雙葉学園の保護者に向けて語られた講演録第二弾。心の底に沈んでいる「よいもの」をかき回して、喜びに満ちた生活へ。価格500円（税別）

田端美恵子
八十路の春

八十路を歩む一老女が、人生の峠に立って永久に広がる光の世界を見つめ、多くの人が神の愛に目覚めてくれることを願いつつ、祈りを尽くして綴った随想。価格500円（税別）

駿河勝己
がらしゃの里

日々の信仰を大切にし、御旨のうちに生きる御恵みを祈り、ガラシャの歩まれた永遠の生命への道を訪ねながら…。価格500円（税別）

ムンシ ロジェ ヴァンジラ
村上茂の生涯
カトリックへ復帰した外海・黒崎かくれキリシタンの指導者

彼の生涯の一面を具体的に描写することが私の意図であり、私は彼に敬意を払い、また彼の魂の遍歴も私たち自身を照らすことができるように思います。価格500円（税別）